本书由北京印刷学院科研项目资助出版（项目编号：Eb201608）

晚清印刷出版商业化研究

肖志鹏 著

知识产权出版社
全国百佳图书出版单位
—北京—

图书在版编目（CIP）数据

晚清印刷出版商业化研究 / 肖志鹏著. -- 北京：知识产权出版社，2021.4

ISBN 978-7-5130-7413-1

Ⅰ. ①晚…　Ⅱ. ①肖…　Ⅲ. ①印刷工业—产业发展—研究—中国—清后期②出版业—产业发展—研究—中国—清后期　Ⅳ. ① F426.84-092 ② G239.2-092

中国版本图书馆 CIP 数据核字（2021）第 007439 号

内容提要

本书共分6章，分别从以下4方面深入探讨晚清商业活动发展的历程及其对后世的影响。其一，从文学史发展的角度来考察晚清出版产生背景，主要包括政治、经济、思想和文化。其二，通过文史互证的方法并结合作者的创作意图来分析晚清出版。其三，通过对晚清出版小说具体文本分析探讨半殖民地半封建社会时期的晚清商人形象。其四，结合历史学、经济学、管理学、社会学知识揭示晚清时期工商业现代化转型。本书适合对出版印刷有兴趣、出版印刷相关从业者阅读。

责任编辑：田　姝　　　　**责任印制**：孙婷婷

晚清印刷出版商业化研究

WANQING YINSHUA CHUBAN SHANGYEHUA YANJIU

肖志鹏　著

出版发行：	知识产权出版社有限责任公司	**网　　址**：	http：//www.ipph.cn
电　　话：	010-82004826		http：//www.laichushu.com
社　　址：	北京市海淀区气象路 50 号院	**邮　　编**：	100081
责编电话：	010-82000860 转 8745	**责编邮箱**：	laichushu@cnipr.com
发行电话：	010-82000860 转 8101	**发行传真**：	010-82000893
印　　刷：	北京中献拓方科技发展有限公司	**经　　销**：	各大网上书店、新华书店及相关专业书店
开　　本：	720mm × 1000mm　1/16	**印　　张**：	13.75
版　　次：	2021 年 4 月第 1 版	**印　　次**：	2021 年 4 月第 1 次印刷
字　　数：	180 千字	**定　　价**：	68.00 元

ISBN 978-7-5130-7413-1

目　录

第1章　绪　论

晚清中国，商业开始向半殖民地半封建性质转变，逐渐沦为外国资本主义的原料基地和商品倾销市场，对中国传统的商业社会也施加着越来越深的影响。这种情况也促使晚清印刷出版出现了商业化的发展。

20世纪30年代，阿英在其著作《晚清小说史》中将晚清界定为甲午战争至清王朝灭亡，时间跨度较窄；美国著名历史学家费正清编著的《剑桥中国史》，其第10、11卷定名为《剑桥中国晚清史》，时间范围是1800年至清帝退位，跨度稍长。本书将晚清界定为从1840年鸦片战争爆发到1912年中华民国成立。

1840年鸦片战争的爆发，使中国传统印刷出版业官刻、坊刻和私刻三足鼎立的格局被打破，西方教会印刷出版机构首先发展起来，逐渐形成了教会印刷出版业、官办印刷出版业和民营印刷出版业三分天下的局面，使中国传统印刷出版业开始向近代印刷出版业转型。

晚清是中国传统印刷出版业向近代印刷出版业过渡的重要阶段，从印刷出版的理念、技术、过程、方式和资本运作形式到印刷出版物的内容、形式和种类等方面都发生了巨大的变化，甚至是革命性的变化。印刷出版业的商业化发展气息也日渐浓厚。而在这个转变进程中，印刷技术搭建起了沟通中西方文化的桥梁。先进的西式印刷技术由来华传教士传入中国。西式印刷技术展现出了效率高、成本低、传播快速等优点。尤其是与中国传统印刷技术相比，在传播西方文化、普及科技知识方面，西式印刷技术具有无可比拟的技术优势。

对晚清印刷出版业商业化发展的进程进行考察和研究，不仅能够让我们对晚清中国印刷出版业发展的历史有更全面的了解，还能够使我们对中国印刷出版业发展的近现代化过程有更清晰的把握。

1.1 晚清印刷出版业商业化发展的主要原因

1.1.1 晚清重商主义思潮的兴起

“重农轻商”（也称为“重本抑末”）思想最早出现在战国时期。最早提出重农轻商思想的是战国时期的政治家李悝（公元前 455—前 395），而将这一思想付诸政策实施的是先秦法家代表人物商鞅（约公元前 395—前 338）。自此以后，中国历史上历代王朝都把“重农”和抑制工商业的发展联系在一起。重农轻商思想也因此成为几千年来中国历史传统上占主导地位的经济思想观念。这种状况一直到晚清以前。例如，雍正五年（1727）上谕：

联观四民之业，士之外，农为最贵，凡士工商贾，皆赖食于农，故农为天下本务，而工贾皆其末也。❶

虽然这种重农轻商的思想观念在封建社会前期对巩固自给自足的小农经济的封建基础和促进农业生产的发展曾起过一定的积极作用，但它却不利于商品生产和商品流通的发展。特别是到了晚清，它已严重阻碍了社会的进步和资本主义经济因素的产生和发展。

西方列强对晚清发动的两次鸦片战争迫使中国传统重农轻商的思想观念受到了严重的冲击。第一次鸦片战争以后，晚清政府被迫改变独口通商的政策，实行五口通商，并取消了公行制度，为外国商品的涌入敞开了大门。第二次鸦片战争后，晚清政府又被迫开放 11 个通商口岸，从海南岛的琼州到辽东牛庄（营口）的整个海岸线，从上海到汉口的长江中下游的主要港口都成了通商口岸，使外国资本主义的经济侵略更加直接和深入。鸦片战争迫使晚清中国社会经济发生重大变化的同时，传统重农轻商的思想观念也受到了严重的冲击。代表新兴资产阶级利益的知识分子和开明士绅，在西方资本主义经济思想的影响下，对中国传统轻商思想进行了大胆的批判，突出强调发展商业的重要意义，提出了“商握四民之纲”“商为国本”等重商主义观点，主张积极发展资本主义工商业。

魏源（1794—1857）提出了重视商业的主张。不管是改革漕运和盐务，还是“师夷长技以制夷”，魏源认为都应以争取商业资本的支持为第一要务。他认为商业的重要性关系到国家利益，并举海运为例：

❶ 佚名. 清世宗实录 [M]. 北京：中华书局，1985.

> 海运之事，其所利者有三：国计也，民生也，海商也。❶

资产阶级改良派思想家王韬（1828—1897）则大力提倡商本思想。他明确指出：

> 通商之益有三，工匠之娴于艺术者得以自食其力，游手好闲之徒得有所归，商富即国富，一旦有事，可以供输精镶。此西国所以恃商为国本欤？❷

王韬通过对西方社会的观察与切身体验，深刻地认识到西方各国重视商业活动的社会经济状况，因而一再强调：

> 泰西诸国以通商为国本。

王韬虽然使用“通商”一词，但实际上在他的概念中绝不仅仅限于贸易这一个含义，而是以商业为中心，囊括了一切近代机器工业生产等事业。他说：

> 西人工于贸易，素称殷富，所造火轮舟车，便于行远，织器田具，事半功倍，说者谓苟能仿此而行，则富强可致。❸

马建忠（1845—1900）则对商本思想做了进一步的发展。他说：

> 若英、若美、若法、若德、若英属之印度，无不以通商致富。尝

---

❶ 魏源．古微堂外集（卷七），复魏制府询海运书 [M]. 江淮书局，1878.

❷ 王韬．弢园文录外编 [M]. 上海：上海书店出版社，2002.

❸ 赵靖，易梦虹．中国近代经济思想史资料选辑（中册）[M]. 北京：中华书局，1982.

居其邦而考其求富之源，一以通商为准：通商而出口货溢于进口者利，通商而出口货等于进口者亦利，通商而进口货溢于出口者不利。❶

薛福成（1838—1894）是一个由洋务派思想转变成资产阶级改良派的经济思想家。在直接考察西方资本主义国家政治、经济、社会生活等现状的基础上，薛福成明确提出了变法、振兴商务、发展工业等资产阶级改良思想。他的商本思想更多地倾向于产业投资和发展民族工业生产。例如：

非工不足以开商之源，则工又为其基而商为其用。❷

薛福成认为商人是“握四民之纲者”，有了商业和商人：

则士可行其所学而学益精，农可通其所植而植益盛，工日售其所作而作益勤。❸

与此同时，洋务派要员也在“自强”“求富”“中学为体、西学为用”等口号下，主张学习西方的先进技术，为发展本国的工商业服务。

李鸿章（1823—1901）认识到“富强相因”，说道：

臣维古今国势必先富而后能强，尤必富在民生而国本乃可益固。……惟中国积弱由于患贫。西洋方千里、数百里之国，岁入财赋动以数万万计，无非取资于煤铁五金之矿，铁路、电报、信局、丁口

❶ 侯厚吉，吴其敬. 中国近代经济思想史稿：第二册［M］. 哈尔滨：黑龙江人民出版社，1983.

❷ 王双 . 浅析近代王韬、马建忠、薛福成的商本思想［J］. 现代商业，1996（6）.

❸ 钟叔河 . 向世界丛书 · 薛福成：出使英法义比四国日记［M］. 长沙：岳麓书社，2008.

等税。酌度时势，若不早图变计，择其至要者逐渐仿行，以贫交富，以弱敌强，未有不终受其弊者。❶

此外，四川巡抚岑春煊在1904年给光绪帝的奏折中提出了“智国在学，富国在商”的观点；陕西巡抚也在奏折中强调了“富国恃乎商”；黑龙江将军程德则把商业视为强国之本，并称“国势之强弱，视乎商之盛衰”。

在强大的社会舆论压力之下，晚清政府也不得不放松对工商业的控制，号召“振兴商务”“通商惠工”，变“抑商”为“恤商”。1898年维新变法期间，光绪帝上谕：

振兴商务，为目前切要之图。❷

1903年，光绪帝又上谕：

通商惠工，为古今经国之要政，自积习相沿，视工商为末务，国计民生日益贫弱，未始不因此乎，此亟应变通尽利，加意讲求。……著各直省将军督抚，通饬所属文武各官及局卡委员，一律认真恤商恃平，力除留难延阁各项积弊。❸

在这种情况下，中国历史上几千年来占主导地位的轻视商业的思想观念也就从根本上动摇了。与此同时，重商主义思潮则兴起。而在重商主义思潮兴起的同时，晚清政府也采取了一些有利于工商业发展的具体措施。

---

❶ 吴汝纶. 李文忠公全书：译署函稿：卷三 [G]. 论海防筹饷，1908.

❷ 朱孝朋. 光绪朝东华录（五）[M]. 北京：中华书局，1985.

❸ 同❷.

在戊戌变法中，作为经济变革的举措之一，晚清政府曾奖励著书立说。光绪帝于1898年7月5日发布诏书曰：

> 自古致治之道，必以开物成务为先。近来各国通商，工艺繁兴，风气日辟。中国地大物博，聪明才力不难杰出。只以囿于旧习，未能自出新奇，振兴庶务。富强至计，首在鼓舞人才。各省士民若有新书以及新法制成新器，果系足资民用者，允宜奖赏以为之劝或量其材能，授以实职或赐之章服，表以殊荣所制之器，颁给执照，酌定年限，准其专利售卖有能独立创建学堂，开辟地利，兴造枪炮各厂，有稗于兴国殖民之计者，并著照军工之例给予特赏，以昭鼓励。❶

总理衙门也根据光绪帝旨意拟订了《振兴工艺给奖章程》，对有功圣教与新学书籍给予奖励。

从1903年开始，晚清政府还相继制订、颁布了一系列保护工商业者权利的法令，如《钦定大清商律》《商会简明章程》《公司注册试办章程》《银行注册章程》《奖励公司章程》《奖给商勋章程》《改订奖励华商公司章程》《爵赏章程及奖牌章程》等。

这些法律法规都与晚清印刷出版行业关系密切，也表明了晚清政府支持和鼓励民间开办公司、兴办实体。一些民营书局也由此而创办、运营。例如，由申报馆、申昌书室、点石斋石印局等改组而成的美查兄弟公司。1902年户部郎中廉泉、无锡三等公学堂教习俞复等人创办上海文明编译书局，简称

❶ 朱孝朋．光绪朝东华录（五）［M］．北京：中华书局，1985．

“文明书局”；1906 年商务印书馆获商部批准注册股份有限公司，股本总额 100 万元。通过这些公司模式，使经营权和所有权分离，使民营书局得以快速发展。

此外，晚清政府还设置工商管理与服务机构，在版权保护、商标注册等方面对印刷出版企业给予保护。戊戌变法时，晚清政府就曾在京师设立农工商总局，并在各省设立分局。变法失败后，虽农工商总局遭裁撤，但各督抚仍行管理之责。光绪二十九年（1903）9 月 7 日，晚清政府成立了全国性的工商管理机构，即商部。光绪三十二年（1906），工部并入商部，改名农工商部，下设农、工、商、庶四司以及商标局、商律馆、权衡度量局、化分矿质局等，行使工商法律制度、督促各省讲求工艺、企业注册、调解纠纷和提供服务等职权。光绪三十四年（1908）8 月 1 日，晚清政府还批准设立了劝业道一职，官秩正四品，为各省管理农工商的专设官员。其办事机构为劝业公所，逐步取代了各省原有的农工商局及类似机构。由此，晚清政府确立了从中央到地方的工商管理体系。这也有利于晚清印刷出版业市场的有序管理。

晚清商业思想的转变，顺应了历史发展的潮流。它肯定了工商业在整个国民经济发展中的重要作用，提高了工商业者的社会地位，对当时工商业的发展起到了一定的推动作用。

1.1.2 政治原因

从乾隆末年开始，清王朝就呈现出衰落的现象，官吏也日益腐败。嘉庆帝与道光帝掌政趋保守和僵化，民族矛盾激化，民变迭起。19 世纪上半叶，英国开始向中国倾销鸦片，导致道光二十年（1840）第一次鸦片战争爆发。晚清政府战败后被迫签订了中国历史上第一个不平等条约，即《南京条约》。咸丰帝即位后，西方列强又开始侵犯中国，先后迫使晚清政府缔结了《天津条约》《北京条约》等一系列不平等条约。为履行这些不平等条约，晚清政府被迫割地赔款、开放通商口岸等，主权受到严重损害，也逐渐沦为半封建半殖民地社会。由于民众的负担逐年加重，因而引发了一系列的反抗运动，如嘉庆年间的天理教和白莲教起义。尤其是咸丰年间爆发的太平天国运动，不仅严重动摇了晚清政府的统治，同时也严重破坏了当时的印刷出版市场。

为挽救晚清王朝的统治、增强国力，晚清政府内部一部分汉族有识之士开展了维新运动，试图革新图强。其中，以咸丰十年（1860）开始的洋务运动最为著名。随着洋务运动的开展，全国各地开始先后引入国外的科学技术，开设矿业、工厂，建设铁路、架设电报网，开设了新式学校、培训技术人才，同时也成立了新的军事工业，逐步改进了晚清军队的武器装备和作战方法。

洋务运动曾使晚清政府国力有了一定程度的恢复和增强，到了慈禧太后与恭亲王联合执政的同治年间，一度出现了比较安定的局面，史称“同治中兴”。但是，晚清政府的维新运动最终未达到日本明治维新一样的成效，并且因在光绪二十年（1894）的中日甲午战争中战败，于1895年被迫与日本签订了丧权辱国的《马关条约》。随后，由光绪帝支持，梁启超和康有为领导发动了一场政治改革运动，即戊戌变法。后因受到慈禧太后和保守派们的反对，光绪帝被软禁，戊戌变法失败，因为仅有100天，因此又称“百日维新”。

19世纪末，在西方列强不断入侵下，晚清国内的排外情绪日趋高涨，引发了义和团等民间团体的排外运动，晚清政府欲借助外国侵略势力意图消灭义和团，这为八国联军的入侵提供了借口。1901 年，晚清政府被迫签订了丧权辱国的《辛丑条约》。慈禧太后为挽救晚清王朝的衰落危局，有意效仿欧、日的改革，开始推行"新政"，进行了包括建立新军、废除科举、允许大小臣民上书言事、设立新式学堂等在内的一系列改革。但随着 1911 年 10 月武昌起义的爆发，各省随后纷纷宣布独立，清朝的统治开始走向了瓦解。

国势的衰落与时局的动荡，使得晚清中国的印刷出版市场也受到严重影响，江南书业中心遭受战火影响较大，上海书业崛起。随着西学东渐、洋务运动、维新运动的开展与晚清新政的推行，西学类书籍逐渐成为晚清印刷出版市场的新宠，通俗小说、新式教科书也在印刷出版市场勃兴。新的印刷技术引入，传统雕版印刷日渐式微，印刷出版价格有所下降。印刷出版市场新旧杂陈，内容较新的书籍在市场上占有率逐渐上升，而传统古旧书籍的市场份额逐渐下降。

1.1.3 文化原因

文化上，鸦片战争爆发使得官、私藏书在战火中遭受损失，官书局应运而生。晚清政府迫于时事的发展，由原来极端专制的文化政策调整为采用张之洞的"中学为体，西学为用"的文化策略，相对也进行了一些变革。

1. 藏书遭战火之厄

晚清官方藏书遭受战火之厄，损失惨重。官府藏书体系中的文宗、文汇和文澜三阁藏书相继散佚。咸丰三年（1853），镇江的文宗阁、扬州的文汇阁毁于太平军的战火。咸丰十年（1860），北京圆明园的《四库全书》在英法联军焚烧圆明园时被焚毁，藏于圆明园中的味腴书室的《四库全书荟要》也在大火中焚毁殆尽。咸丰十一年（1861），杭州文澜阁的藏书星散在太平军第二次攻占杭州时，虽经藏书家丁申、丁丙多方抢救收集，委托书贾代为搜购，最后也仅得 8000 余册。同治八年（1869），存放在武英殿的书籍在失火中被烧毁。光绪二十六年（1900），翰林院残存的《永乐大典》和《四库全书》底本被八国联军的战火烧毁。因此，晚清官府藏书遭受严重的破坏。

2. 官书局兴起

由于太平天国、捻军、回民农民起义军等对中国古代典籍的禁毁、焚烧，晚清官府和私人藏书毁坏严重，士子几乎无书可买、无书可读。此时，曾国藩、左宗棠、李鸿章等地方督抚开始设局刊书，以恢复正常的社会秩序，满足当时的社会需要。

官书局前期主要刊刻经史典籍，后期主要以编译西方书籍为主，“将东西文政新理有用之书广为购备，斟酌极要次要，分饬各省克期翻译刊印”。在西学东渐的冲击下，晚清政府认识到必须引进西学，“师夷长技以制夷”，并从自行设局发展为奉旨设局。

总体上看，晚清官书局刻书底本精良、校勘审慎、售价低廉，为维护晚清文化秩序、振兴文教、传承文脉作出了突出贡献，其刊刻的书籍常被称为“局本”。它的对象和范围包括：晚清同光时期，地方督抚大员、官绅倡行或设立的诸省书局以及翻译馆、编译书局等地方性官办印刷出版机构。同光时期兴起的地方官书局，包括以校勘、刊刻传统经、史、子、集等国学（旧学）书籍为主的传统地方官书局和以翻译出版西学书籍为主的新式地方官书局（如广州同文馆、江南制造总局翻译馆、江楚编译局等印刷出版机构），集校勘、刻书、印制、销售发行于一体，有着明确的底本选取和刊刻思想、出版原则或宗旨，固定的校勘人员和刻工，相对稳定的经费筹集渠道和销售渠道，具备现代意义上的出版基本特征，是具有真正意义的地方官办印刷出版机构。

作为一个专门的印刷出版机构，晚清官书局不仅刊书数量远胜先前，而且集编、印、发于一体，有着严格的章程、固定的经费来源、专门的销售渠道和一支高水平的编校队伍，已初步具有了现代出版的特征。

官书局刻书不以营利为目的，而是看重书籍的流通，其根本目的是为了正民心，兴文教，以维护清王朝的统治。但因其发行渠道多样，经营策略灵活，加上质优价廉，局本的发行完全找到了与需求市场的契合点。

此外，官书局还重视发行，局本除了进呈、咨调、颁发等官方渠道外，更多的是用来销售。大多数官书局有自己的发行部门即售书处，也有的由书肆代售。官书局扩大销售的途径多种多样，如打折销售、充分利用乡试这一契机倾力售书、碍于出书实力而由其他实力雄厚的官书局代售等。

3. 禁书政策

晚清的禁书主要是禁止通俗小说和戏曲、维新派书籍、革命派书籍及宣传品等。

清朝统治全国后，在很长时期内实行民族压迫政策，采用一切严酷的手段镇压民众的不满与反抗，取缔不利于统治的思想，实行文化专制，大兴“文字狱”，屡禁通俗小说和戏曲，严禁维新派和革命派图书，先后颁布相关的《大清律例》《大清印刷物专律》《大清报律》及《著作权律》等法律，对出版物的出版、内容、版权及著作权等作出了严格规定。与之相辅又发布系列谕令对相关图书严加查禁，进一步加强对书坊业、图书租赁业和图书贸易的管理，形成较为严密的中央下达法令、地方政府执行、行业协会辅助的多层级监管体系。

由于晚清政府下达禁令，一些地方官也频发地方法令，严查禁书。道光二十四年（1844）9月，钦命礼部右侍郎提督浙江全省学政吴为严禁淫书以端风俗事：

> 现据绅士张鉴等呈称：淫词小说，最害人心，请于九月初九日起。至十三日止，省城仙林寺设局，给价收毁淫书板片书本，诚恐书肆税铺藏匿不缴，或日久仍刻印税卖等弊，合行出示晓禁。为此，示仰各书铺税书铺人等知悉：尔等奉示之后，速将所藏淫书板片书本。统限九月十三日以前赴局缴销、给价焚毁，毋许片板片纸存留。倘抗匿不缴，及缴后私行翻刻税卖，一经察出，或经局董呈明，除将书板吊毁外，仍照例严究，决不姑宽，凛之。特示。

从上述材料可以看出，当时的地方政府为了禁毁相关书籍，不仅规定了收缴的时间、地点以及板片补偿，还规定了对藏匿不缴者的处罚。

到了同治年间，禁书更为严酷。同治七年（1868），江苏巡抚丁日昌下令严禁淫词小说，并特地申明“本部院将以办理此事之认真与否，辨守令之优细焉”。换句话说，就是以禁书是否卖力来作为考核官吏政绩的一个主要标准。以此为标准，那些地方官纷纷在禁书上大显神通，以争官邀宠。例如，丁日昌曾先后开出了两批应禁书目，共268种，包括《笑林广记》《龙图公案》《品花宝鉴》《昭阳趣史》《玉妃媚史》《呼春稗史》《春灯迷史》《浓情快史》《隋炀艳史》《巫山艳史》等书籍。其中，《红楼梦》《水浒传》《西厢记》《牡丹亭》《隋唐》等书也在查禁之列。同治十年（1871）6月下令严禁“坊本小说”，所有的小说都成了禁书。

戊戌变法失败后，晚清政府对维新派书籍的查禁更为疯狂。晚清政府为了阻断维新思想的传播，不择手段地禁止传播西学、焚毁新书、查禁报纸、封闭强学会、哄散南学会，驱逐维新人士。例如，光绪二十四年（1898），晚清政府查禁了维新派所办的报刊及有关图书，尤其是维新派的著作：

> 已革工部主事康有为，学术乖谬，大悖圣教，其所著作，无非惑世诬民，离经叛道之言。著将该革员所有书籍板片，由地方官严查销毁，以息邪说而正人心。

光绪三十年（1904），清廷谕令查禁“悖逆”各书，并称：

> 如《支那革命运动》《革命军》……等种种名目，倘敢再售前项悖逆各书，一经查出定即饬提严办。其学堂及士民人等，务各束身自爱，不再购阅，致干咎戾。

同时查禁的还有《新广东》《新湖南、浙江潮》《自由书》《中国魂》《黄帝魂》《二十世纪之怪物》《帝国主义》《新民丛报》《热血》《新小说》《新中国》和《支那活历史》等书刊。其中，查禁《苏报》影响最大。

4. 创办图书馆（室）

在“中学为体，西学为用”的指导下，晚清政府加大了资金投入，创建了新式图书馆。由于西方列强入侵，国势日衰，维新派主张富强育才，建议开办大书藏（图书馆），并在学会之中开设藏书楼。光绪二十二年（1896），李端棻《请推广学校折》中有开设藏书楼的建议。光绪三十一年（1905），晚清政府废科举、兴学堂，并把原府县学和书院藏书转至学堂，成为学校图书馆藏书来源。晚清学部筹划文化、教育等事项中，明确限定于宣统二年（1901）兴办国立京师图书馆和各省图书馆，并公布《京师及各省图书通行章程》。随之，江苏、浙江、湖北、湖南、直隶、奉天等省建立或筹建了图书馆。一些高等学校也陆续建立了图书馆（室），如京师大学堂、南洋公学、北洋大学等。图书馆（室）藏书来源之一是到图书市场上采购，古旧书与新书兼顾，从而推动了印刷出版市场的发展。

5. 教育改革政策

教育与印刷出版市场联系较为密切。教育的每次改革都能影响印刷出版主体的调整、印刷出版品种的变化以及市场管理等各个方面。晚清的教育改革主要有废除科举制度、兴办新式学堂和派遣留学生等内容。

晚清参加科举考试的考生人数众多，对科举考试图书的巨大需求，从而促进了这类图书市场的繁荣。相关书坊，以致后来拥有石印技术而崛起的民营书局也均以此牟利。从出版科举用书机构到图书市场，再到考试举子，形成相互依存的产业链。光绪二十九年（1903），晚清政府对教育要进行相应的调整，下谕曰：

兴学育才，当务之急。据张之洞同管学大臣会订学章所称，学堂、科举合为一途，俾士皆实学，学皆实用。著自丙午科始，乡、会中额，及各省学额，逐科递减。俟各省学堂办齐有效，科举学额分别停止，以后均归学堂考取。

从中可以看出，晚清政府发出了明显的教育改革信号。两年后，遂于“光绪三十一年甲辰，诏废科举”。

晚清政府还兴办新式学堂，进行教育改革。据《清史稿》记载：

甲戌，诏改直省各属书院为兼习中西学校，以省书院为高等学，郡书院为中等学，州、县书院为小学。其地方义学、社学亦如之。

科举废除后，一些主要经营科举图书的石印书局纷纷倒闭，一些经营科举考试用书的书店改营其他商品，科举图书因此也基本无人问津。举子们也断仕途之念，另谋出路。例如，有的举子成为官府幕僚，有的举子成为新小说的撰稿人，有的举子选择了留学海外。原来以《四书》《五经》为主要内容的旧教材，已不能适应新形势的发展。学部采用审定制，官营、民营等印刷出版机构角逐新式教科书市场。文明书局、商务印书馆等民营书局获利甚丰，尤其是商务印书馆成为当时新书业的泰斗。新式教材品种丰富，市场繁荣，对后世影响甚大。

1.1.4　西学东渐

西学东渐是自 15 世纪末以来东西方文化交流过程的一个主要方面。清朝乾隆帝即位后，为维护满洲贵族政权的需要，文化政策上屡兴“文字狱”，对思想学术进行压制。对外关系方面，因荷兰、葡萄牙等国殖民者的屡次进犯，清政府被迫实行闭关政策，除广州之外的其余沿海通商口岸关闭。自此，晚明以来的中西文化交流告一段落，绵延百余年的西学东渐进程被迫宣告中辍。

晚清西学传入从无到有、从少到多，有关西学的书籍和文章呈急速上升的趋势。鸦片战争使自视为“天朝上国”的晚清帝国在列强的炮火中被迫开启了大门，东方和西方也再次得到了互相交流、互通有无的机会，但这一次起主要作用的是西方，西学东渐成为中外文化交往的主要方式。

1807—1843 年，主要是新教传教士再次蹈海东来，在东南亚及中国澳门、广州等地传播西学。1807 年，基督教新教传教士马礼逊来华，成为基督教新教第一位来华传教士。他通过翻译《圣经》、编写宣传基督教义的中文通俗读物传教布道，在东南亚及广州、中国澳门等地发展教徒，设立翻译印刷出版机构，以及向西方介绍中国文化、历史和现状等活动，重新开启了中西交流的大门。

1843—1860 年，这一时期传教士们凭借不平等条约的保证，从通商口岸开始逐渐进入内地。上海也逐渐取代了广州，成为西学传播的中心。在上海这个中西交汇的都市里，传教士们把早期传播西方文明的各种方式进行了发扬光大，并逐步深入下去，西学传播向更深层次的方向发展。他们继续翻译西方天文、地理、医药、数学等方面的书籍，创办教会学校培养兼通中西方学问的人才，编印基督教著作，直接传教布道，等等。上海的墨海书馆是其中最为重要的印刷出版机构。

1860—1890 年是西学大量输入的时期。这一时期，晚清政府设立总理衙门作为对外交涉的主要机构，并相继开办了京师同文馆、上海广方言馆、广州同文馆以培养通晓外国语言文字的翻译人才。地方实力派曾国藩、李鸿章、左宗棠等人为富国强兵的需要，举办江南制造局、福州船厂等洋务事业，开始引进西方军事科学技术，大规模地翻译西方自然科学书籍，拉开了“同光中兴”的序幕，也开始了西学输入的新阶段。传播主体由前一阶段的传教士为主逐渐变为以耳濡目染的中国知识分子为主，在他们的努力下，西学传播机构也由教会为主创办的学校、印刷出版机构变为以晚清政府官方创办的洋务学堂、印刷出版机构为主。

1890 年到 20 世纪初，西学输入开始从单纯输入向与本土文化融合方面转化。受甲午战败的刺激，一向深拒固闭的士大夫不再以谈洋务为耻，变革的思潮在他们头脑中孕育、萌生，随西学的进一步传播而生根发芽。吸取了洋务运动以西方自然科学技术为输入主流的教训后，知识分子更为注重的是对西学当中有关政治、法律以及社会科学部分的引入。其中，以严复的译著最为典型。这一阶段，无论是数量上还是质量上，西学传播都已达到前所未有的高潮。近代翻译人才也层出不穷，大量涌现。

1.2　晚清印刷出版业商业化发展概况

在上述历史背景下，晚清中国印刷出版的商业化得到了发展，其基本概况如下。

1.2.1 流通渠道呈现多样性

有存在于某一地点的固定店铺、书摊、考市及图书租赁等，也有流动性较强的、活动于某一个地区或跨地区的书船、流动售书及邮寄等渠道。同时，借助新兴的邮局、铁路、轮船、电话、电报等新兴的交通、通信工具，建立销售网点，扩大销售，促进了晚清印刷出版市场的发展和繁荣。

其流通渠道与晚清的政治、经济、文化和社会风气等息息相关，具有明显的时代特征，呈现了多样性、延伸性、市场化等特点。

1.2.2 营销方式出现了多样化、商业化、市场化等特点

采用“扣俸还项”“股印”等营销方式，同时加强各种书刊广告宣传，利用书刊自身牌记等广告及其他媒介宣传，如编印售书书目，或做报纸广告、书刊广告等，以吸引读者注意力，扩大书刊销量。经营书刊店铺时，重视对店铺的精心布置，热情服务读者，以折扣或减价券等优惠方式销售。

1.2.3 畅销书刊品种逐渐增多

新式启蒙读物、新式教科书、西学类书刊、谴责小说、翻译小说、宗教类书刊、革命类书刊等逐渐成为晚清印刷出版市场的新宠，品种也逐渐增多，十分丰富。这些畅销书具有鲜明的时代特征，同时兼具商业性和通俗性，其形成的条件主要有读者群体的不断扩大、纸张生产与印刷技术的发展、书刊的市场化运作等。

1.2.4 书刊价格逐渐趋于市场化、商品化

晚清时期，书刊的价格较为复杂，因制作书刊方式不同，其价格差别较大。其售书书目广布市场，扩大了书刊的宣传，提高了书刊的销量。

例如，晚清书刊市场上的刻本主要有清刻本、宋刻本、元刻本、明刻本等。由于各种因素的交互影响，同为刻本，价格悬殊。受社会风气的影响，流通于晚清书刊市场中的宋元刻本价格较高；而活字本、石印本书刊是较雕版印刷先进的书刊制作方式，成本下降，书价降低明显。此外，将书刊价格与文官薪俸及物价、工价相比，可以看到普通百姓的购买能力较为有限。

影响晚清书刊价格的因素较多，主要有政治因素、社会环境、书刊自身价值、制作成本、市场环境等，各种因素交互影响，引起书刊价格的消长。

1.2.5 逐步形成了印刷出版中心所在地、区域性和全国性三级印刷出版市场

清代前期的全国性印刷出版中心主要集中在北京、金陵、苏州、杭州、四堡、江西浒湾等，后主要由于战火之厄，金陵、苏州、杭州的书业遭受破坏，让位于后来崛起的上海。晚清印刷出版中心主要为北京、上海、广州等地。上海与广州有相同之处，二者均为对外开放商埠，地理位置优越。上海凭借多种有利因素成为全国印刷出版中心，而广州有商埠优势，具备“得西风之先”的地理条件，加上其他有利条件而成为印刷出版中心。随着书刊市场的日益繁荣，逐步形成了印刷出版中心所在地、区域性和全国性三级层次的印刷出版市场。

1.2.6 印刷出版市场管理多样化

清代印刷出版市场管理内容在前后时期有所变化，但其目的都是为了维护清政府的统治。晚清政府的印刷出版导向主要是鼓励印刷出版有利于维护其统治的程朱理学类图书，其发行方式多样化，主要有准予刷印、备料印刷及官书局之间合作等方式。

晚清政府鼓励进口或翻译有利于富国的书籍。同时，晚清政府还加强了对印刷出版租赁业以及进出口的管理。其中，减免进出口税费利于印刷出版商业贸易的发展。

但是，在“文字狱”的大背景下，晚清政府严厉查禁书刊，就其手法而言，或烧毁，或抽毁，或篡改，尤其是对通俗小说和戏曲、维新派及革命派等书刊严加查禁，在一定程度上阻碍了晚清中国印刷出版市场的发展，造成了书刊市场销售品种的单一化和印刷出版资源的巨大浪费。

第 2 章　晚清教会印刷出版活动及其商业化发展

早在明朝万历年间，在欧洲新航路发现以后，西方教会传教士就已经进入中国了。万历十年（1582），意大利耶稣会士利玛窦（Matteo Ricci，1552—1610）到达中国澳门，以后又陆续有汤若望（Johann Adam Schall von Bell，1592—1666）等西方传教士接踵而来。但在清朝康熙末年，由于罗马教廷干涉中国内政，康熙帝下令禁教。到雍正元年（1723），清政府正式下了禁教令，乾隆年间甚至实行闭关政策。因此，西方教会传教士在华的人数及其活动大为减少。1840 年鸦片战争失败后，随着一系列不平等条约的签订，中国逐步沦为半殖民地半封建社会，西方传教士和教会也由此取得了在中国自由传教的权利，随后的《天津条约》《北京条约》又为传教士和教会的传教活动提供了更多的权利。1846 年，晚清政府正式废除了禁教令。当时的一位传教士曾写道：

基督教来自上帝，整个中华帝国都在上帝统治的范围之内，我们奉命要对全中国传教，就应当容许我们在整个中国传教。

晚清，大量来华传教士及教会在中国创立了众多与之相适应的印刷所、书馆等印刷机构，并大量办报及印刷书籍。其所创建的这些印刷所、书馆等印刷机构其实就是“印刷厂”。但当时的“印刷厂”与今天我们所理解的概念不完全相同。许多厂家都是既负责编书，也进行印刷，还从事发行，图书版权页上署名的出版者，也往往是所谓的书馆、印书所，即“印刷厂”。西方传教士和教会的这些印刷出版活动在带来先进的机械设备和革新的印刷出版理念的同时，也促进了晚清印刷出版技术的革新和近代中国印刷出版业的形成，并且在不自觉中为中国培养了新一代印刷出版人才，从而在客观上促进了晚清民营印刷出版业的诞生。虽然中世纪之后西方教会的印刷出版机构不以营利为目的，但当时西方印刷出版业的主导力量多是民间商业资本，追逐商业利益仍然是主流。晚清传教士和教会在华除了传教这一“天职”之外，还继承了西方印刷出版业的商业意识，并将其融入印刷出版活动中，促使教会印刷出版业在这一时期占据了近代中国印刷出版的大半壁江山，成为晚清新的印刷出版主体之一。

西方传教士和教会来华后，最初对中国的印刷技术是抱有崇拜心理的，毕竟传统的雕版印刷技术最初源于中国。例如，利玛窦就曾对中国传统的雕版印刷十分推崇。由于早期西方的印刷技术还处于发展阶段，故在这一阶段中国传统的雕版印刷显示出了明显的实用和成熟的优势。早期传教士来华的中西文译著都是用中国传统方式进行印刷的，这种状况一直持续到英国传教士罗伯特·马礼逊（Robert Marrison，1782—1834）来华。

2.1 马礼逊在华印刷出版活动

图 2-1 罗伯特·马礼逊像

罗伯特·马礼逊（见图 2-1）为英国伦敦教会传教士，是西方教会派到中国的第一位基督教新教传教士。从 1807 年 9 月入华直到去世，除了中途有两年短暂回到英国外，他在中国总共生活了 25 年，是西方教会来华传教士中具有开创性和代表性的人物之一。

罗伯特·马礼逊于 1782 年 1 月 5 日出生在英国北部诺森伯兰郡莫珀斯的布勒氏格林。马礼逊自幼跟随制作撑靴器的父亲学习手艺，并在其舅舅那里接受启蒙教育。除了家庭给予的有益教导外，他还在其父母所属的高桥教会接受牧师的教理训练。1798 年，马礼逊加入了英格兰长老会。在长老会，他学会了速记，并从 1799 年 1 月起开始长期写日记。1801 年，马礼逊开始固定地学习一些课程，其中包括拉丁文。1804 年 5 月 27 日，他向伦敦教会提交了入会申请，并表达了去海外传教的坚决意愿。他说道：

> 我在乡村的亲属、友人以及伦敦的资助人都劝阻我，告诉我海外传道如何困难重重，并许诺我如果留下会有优待。我都考虑过了，祈求上帝指引我，让我能够计算做工的代价，这样就不会成为一个愚蠢的工匠。虽然我非常怀疑自己，但是对上帝的爱的力量让我下定了决心。

申请信递交上去的第二天，伦敦教会的审查委员会便安排马礼逊接受询问，当晚就通过了他的申请。伦敦教会最初计划向中国派遣 3~4 位传教士，并物色了几名人选，但其他人选因故未能成行。由于没有其他的合适人选，最终马礼逊独自前往。

1807 年 1 月 20 日，在马礼逊动身前往中国之前，伦敦教会给他一份《工作指示》和一份《基督徒告诫书》，这些都是经过正式签署的文件。伦敦教会《工作指示》指出："鉴于无法确定你未来的居留地点，我们若以任何具体的指示约束你的行动，将是极其不明智的"，因此允准马礼逊"依照自己的审慎充分自由行事"，并给马礼逊列出了到华后的三大目标，一是掌握汉语，二是编纂一部汉语词典，三是将《圣经》译成中文：

> 我们盼望在你完成掌握汉语的大目标之前，不会出现反对你住在广州的任何举动；达成目标之后，你要尽快将这项成就转变成对于全世界有益的事——也许你有此荣幸编纂一部较以前更为全面、正确的汉语词典——或更为荣幸地将《圣经》翻译成世界上 1/3 民众所讲的中文。

1807 年 9 月 4 日，在经过 113 天的航行后，马礼逊到达中国澳门。随后，马礼逊前往广州，正式开始了他的中国传教之旅。

受当时清政府闭关自守和禁教政策的影响，马礼逊不能公开宣传教义，就算后来勉强以东印度公司译员的身份在广州以及清政府管治相对宽松的澳门立足，劳碌终生也只施洗了 4 名信徒。然而，马礼逊通过编词典、译圣经、办学堂、创报刊、开医馆等印刷出版活动，为其追随者在中国门户洞开后对华传教打下了坚实基础，并在客观上推动了中西方的文化交流。

来华后，马礼逊发现，他既不能给中国人传教，也不能通过正常的途径接近中国人。根据其 1812 年 12 月 22 日写给伦敦会司库和书记的信件记载，他一直在尽力给少数几个人口头灌输宗教的真理，但有名有姓的中国人也仅列出了 11 个。于是，他不得不寻找新的、合适的传教方式。

很快，马礼逊就发现能让中国人接受的唯一方式就是利用印刷出版物来进行传教。由于阅读汉语书籍的人数比其他任何民族都要多，同时汉语各种方言的口语多得难以计数，而且彼此各不相同，如果不借助于书面文字，常常无法进行长时间交谈。而通过印刷出版书籍的方式可以更易于被民众理解和接受。因此，马礼逊把印刷出版物当作可能突破困境的一种手段，憧憬着自己不必冒险现身说法，只要散发大量出版品，爱好阅读的中国民众终会逐渐接纳基督教的福音。

在来华半年后，马礼逊开始有意着手印刷出版物的相关问题。他几度打听印刷的市价行情，并向伦敦的理事保证不会花费太多。1810 年，马礼逊将他抄录的《四史攸编》中"使徒行传"的部分略加编辑修正后，利用木刻印刷出版了 1000 册，称为《耶稣救世使徒行传真本》。虽然由于清朝政府禁止传教的缘故，马礼逊所译印的圣经在中国本土只能暗中传布，但在华人聚居的南洋各地却以每一版成千上万部的印量广为公开分发，成为鸦片战争以前西方新教对华人传教的一种重要方法。

1814 年，应澳门东印度公司的要求，英国东印度公司董事会决定承担马礼逊所编写《华英词典》（A Dictionary of the Chinese Language）[1]（见图 2-2）的

[1] 该词典的第一部分分别印刷于 1815 年、1822 年和 1823 年，第二部分印于 1820 年，第三部分印于 1822 年，全部用中国产纸张。

印刷，派了印刷工人彼得·佩林·汤姆斯❶（1791—1855）带上印刷机和字模等前往中国。1814 年 9 月 2 日，汤姆斯抵达中国澳门，澳门东印度公司印刷所由此成立，这是中国境内设立的第一所西式印刷所。但是这家中国境内的印刷所，没有出版过一部全是中文的书，甚至出版的书也不以中国读者为对象，而是远在欧美各国的读者。当然，这些印刷出版物对增进 19 世纪西方国家对于中国的知识与态度产生了一定的作用，同时也为马礼逊在华积累印刷出版活动经验起到了促进作用。

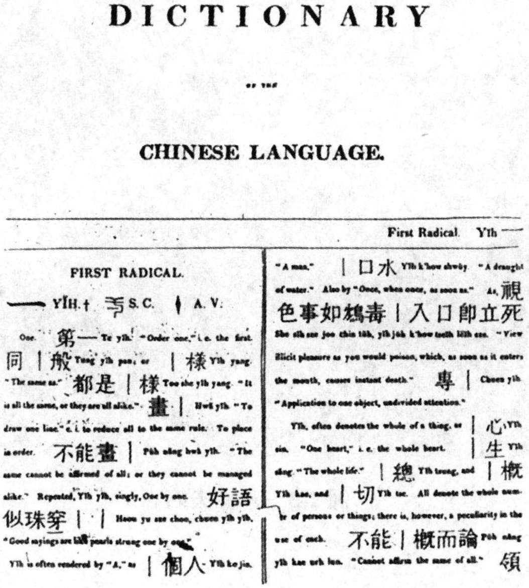

DICTIONARY

OF THE

CHINESE LANGUAGE.

First Radical. Yih 一

FIRST RADICAL.

一 YIH. 弌 S.C. A.V.

One. 第一 Te yih. "Order one," i.e. the first. 同一般 Tung yih pan; or 一樣 Yih yang. "The same as." 都是一樣 Too she yih yang. "It is all the same, or they are all alike." 畫一 Hwă yih. "To draw one line," i.e. to reduce all to the same rule. To place in order. 不能畫一 Pŭh năng hwă yih. "The same cannot be affirmed of all; or they cannot be managed alike." Repeated, Yih yih, singly, One by one. 好語似珠穿一一 Haou yu sze choo, chuen yih yih, "Good sayings are like pearls strung one by one."

Yih is often rendered by "A," as 一個人 Yih ko jin. "A man." 一口水 Yih k'how shwuy. "A draught of water." Also by "Once, when once, as soon as." As, 視色事如鴆毒一入口卽立死 She sih sze joo chin tŭh, yih jŭh k'how tseih lĭh sze. "View illicit pleasure as you would poison, which, as soon as it enters the mouth, causes instant death." 專一 Chuen yih. "Application to one object, undivided attention."

Yih, often denotes the whole of a thing, as 一心 Yih sin. "One heart," i.e. the whole heart. 一生 Yih săng. "The whole life." 一總 Yih tsung, and 一概 Yih kae, and 一切 Yih tse. All denote the whole number of persons or things; there is, however, a peculiarity in the use of each. 不能一概而論 Pŭh năng yih kae urh lun. "Cannot affirm the same of all." 領

图 2-2　马礼逊《华英字典》正文首页，1815 年，伦敦大学亚非学院藏

❶　彼得·佩林·汤姆斯于 1825 年 3 月乘公司船“伦敦号”返回英国。在华的 11 年间，汤姆斯不但印制了自己的英译叙事诗《花笺》（The Chinese Court-ship，1824），而且为澳门印刷所印刷书刊计 12 种。

1815 年 4 月 17 日，马礼逊的助手威廉·米怜[1]（1785—1822）带领其妻子（见图 2-3）和已经皈依基督教的中国广东高明县刻工梁发（又名梁阿发，1789—1855）（见图 2-4）等人带着中文书籍和印刷用纸上船从广州启程，经过 35 天的海上航行后抵达马六甲。

图 2-3　米怜夫妇

[1] 威廉·米怜，英国基督教新教传教士，生于亚伯汀郡的坎耐茨莽（Kennethmont，Aberdeenshire）。1812 年，受牧师职。1813 年，由伦敦会派遣来澳门与马礼逊一起活动。当时受天主教势力的排挤和英属东印度公司的反对，转到广州；数月后到马来西亚，定居马六甲直至去世。

图 2-4　梁发

同年 8 月 5 日，马礼逊和米怜在马六甲创办了中文月刊《察世俗每月统记传》(Chinese Monthly Magazine)(见图 2-5)。“统记”，是搜罗广集的意思，也就是后来通称的“杂志”(Magazine)，英文原为“仓”的意思。

《察世俗每月统记传》是教会创办的第一份以中国人为对象的报刊。尽管该刊创建于中国境外，却是中国近代报刊的肇始，也是世界上第一份近代中文报刊。

中文月刊《察世俗每月统记传》初印 500 册，后来增加到 2000 册。尽管每期只有六七页，但其内容不仅包括宗教道德，也有科学新知、教育性故事，启发了国人知识。其读者还有清政府的一些有识之士，如林则徐等。

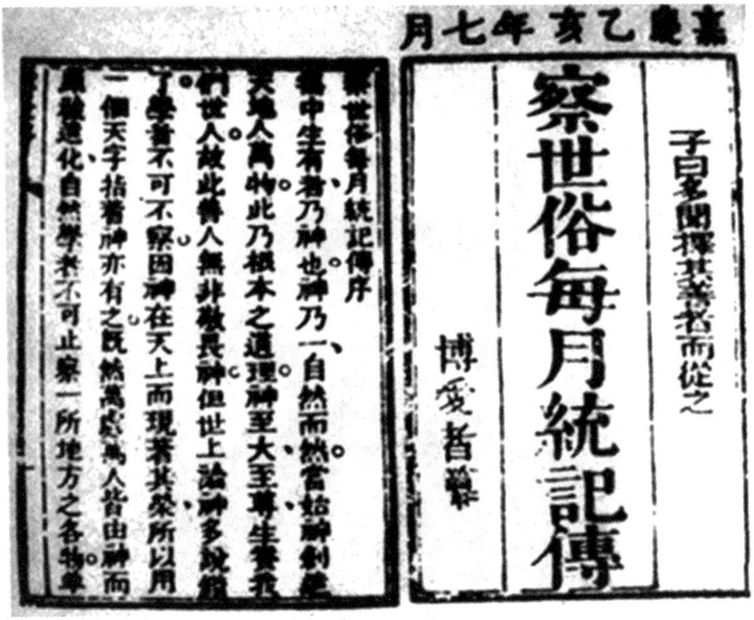

嘉慶乙亥年七月

子曰多聞擇其善者而從之

察世俗每月統記傳

博愛者纂

察世俗每月統記傳序

萬中生者者乃神也。神乃一、自然而然。當始神創造

天地人萬物。此乃根本之道理。神至大、至尊、生養全

約世人。故此善人無非敬畏神。但世上論神多說錯

了。學者不可不察。因神在天上而現著其榮、所以用

一個天字指著神、亦有之。既然萬處萬人皆由神而

原被造化、自然學者不可止察一所地方之各物。單

图 2-5　1815 年《察世俗每月统记传》创刊号

1822 年，因米怜病弱，《察世俗每月统记传》不得不停刊。在 1815—1822 年近 7 年的时间里，该刊总共印刷出版了七卷 77 期。在该刊所发文章中，宣传宗教的文章约占总发文量的 84.5%。该刊物注重对《圣经》基本思想的讲解，《神理》（连载）、《圣经之大意》是其代表作品，还辟有《圣经节注》专栏，同时大量刊载《圣经》故事，直接通俗地宣传基督教。以中国文字如此集中地公开讲解《圣经》，阐述基督教义，这在历史上前所未有。

1816 年 8 月，米怜在伦敦教会马六甲布道站开始兴建房屋，作为传教士的住房、办公室、印刷所和印刷工人宿舍，1817 年房屋正式竣工。1818 年 11 月 11 日，马六甲的英华书院（见图 2-6）奠基，1820 年书院建成并开始招生。

图 2-6　马礼逊和米怜于 1818 年创立的英华书院（Anglo-Chinese College）

1833 年以前，西方传教士出版中文书刊的地方主要有四处，分别是广州、中国澳门、马六甲和巴达维亚。而马六甲是其中最主要的中文书刊印刷出版基地，它印刷出版书刊的种类数量占当时四地同类书刊总数的 60%。马礼逊共印刷出版了 20 种书刊，其中明确注明马六甲印刷的就有 7 种。

因此，马六甲印刷所是当时最重要的、印刷出版中文书刊最多的印刷所，也是第一个较正式的由传教士设立的教会印刷出版机构。马六甲印刷所对于近代在华教会印刷出版活动有非常重要的意义。一方面，它开创了教会设立印刷所的先河，后来的墨海书馆、美华书馆等都是类似的机构，其组织结构和功能都是一脉相承的；另一方面，它也促进了西方印刷技术的传入。

在马礼逊的大力呼吁以及一些社会名流的支持下，1825 年 6 月 14 日，东方语言学校在英国伦敦正式成立。马礼逊在东方语言学校开办了为期三个月的系列中文讲座课程，并免费向学生开放借阅他从中国带回来的 10000 册中文图书。

1826 年 9 月，马礼逊从英国返回中国时带回了一部自己购买的石印机。同年 11 月 14 日，中国的第一次石印在澳门进行。这次印刷的操作者是马礼逊的华人助手阿才和马礼逊的长子马儒翰❶（John Robert Morrison，1814—1843）。只是他们合作印刷的不是中国文字，而是一幅山水画。此外，他们还用这部石印机印刷了一些传教单。但随后的四年时间中，因为马儒翰到英华书院学习，他们的石印工作全部停了下来，1830 年以后，才继续进行。马儒翰技术熟练后，在 1831 年夏天传授给梁发的助手屈亚昂（Kew A-gang）。屈亚昂原是广东的木刻工匠，曾经前往马六甲布道站多年，1830 年由马礼逊在澳门施洗成为教徒，即受雇协助印制印刷品，携往各地散发。现在伦敦教会档案中有 3 件梁发撰文并手写、由屈亚昂石印的大幅传教单张：《西域古经格一言》《功过格之谬》《真神之由》，上面均有马礼逊题识，据说是两人于 1831 年所印。

马礼逊的石印以单张为主，没有更多的其他印品。这一方面是因为他们在澳门的石印主要由马儒翰或屈亚昂操作，马儒翰担任广州英商的中文翻译，大部分时间在广州，屈亚昂则经常往返各地分发印刷品；另一方面则是他们已经分心于活字印刷出版了。

1832 年 11 月，马礼逊购买的价值 150 英镑的英式印刷机与活字运抵中国

❶ 马儒翰（1814—1843），英国传教士、英国驻华商务监督处中文秘书兼翻译官。传教士马礼逊长子，一般又称小马礼逊。他热心传教事业，遵其父遗命修改《圣经》汉译本，后与传教士郭士猎、裨治文等合作，完成《圣经》新译本。著有《英华行名录》《对华商务指南》。

澳门，他立即成立了马家英式印刷所，由儿子马儒翰主持。当月马礼逊就用这部印刷机印刷了他自己的文章《在中国传教 25 周年》。1833 年，马礼逊创办了结合传教与新闻的不定期英文报纸《传教者与中国杂报》，每期 4 页，内容有中国伦理观念、宗教家传记及广州时事等，新闻以中国内容为主。这份报纸也是由马家英式印刷所印刷的。《传教者与中国杂报》因为有关天主教的言论引起天主教神父的不满和澳门总督的干预，只出了 4 期就停刊。但马礼逊并没有放弃，又接着印刷出版了 3 期《杂闻篇》，每期印量达 20000 份。《杂闻篇》被认为是《传教者与中国杂报》的中文版。另外还有合计达 60 页的祈祷文赞神诗，印量也达 10000 份。

对于马礼逊来说，印刷出版物就是他的口舌，有时印刷出版物的效果甚至还超过口传言教。因此，马礼逊曾说印刷出版物是“无声但有效”的传教工具。印刷出版物不仅是马礼逊在中国当时特殊环境下传教的主要手段，而且他个人似乎也对其产生了由衷的喜好。这种喜好表现为一种对印刷出版事业的广泛兴趣。马礼逊曾设想能够借鉴中国雕版印刷方便藏版的优势，将活字版铸版保存，一是为了方便重印，二来也是出于对中国官府对印坊干预的一种防范。在 1815 年以前，马礼逊所有的中文著译都是木刻板印的。这是因为一方面是他对中国传统的印刷方式非常欣赏，这种欣赏与明末的耶稣会士一样有着相同的理由；另一方面，马礼逊的欣赏中还有着另外一种考虑，他认为用和中国人一样的方式进行印刷和出版，这样印出来的书籍才可以有中国人熟悉的风格，才可以和中国的经典媲美，这样他的书籍才容易为中国人所接受。马礼逊初到中国的时候着汉服、吃中国饭，其目的也是如此。他想和中国人最大限度地拉近距离。

但是，马礼逊对中国传统雕版印刷的欣赏并没有坚持到底。这主要有两方面的原因：一是用雕版印刷必须依赖中国工匠，而使用中国刻印工匠严重受制于中国官府；二是与另一传教机构浸信会的竞争也是促成其转变的原因。浸信会成立于1792年，是英国乃至欧美国家的第一个基督教海外传教团体。大约从1808年起，浸信会教士乔书亚·马士曼（Joshua Marshman，1768—1837）在南亚的雪兰坡开始雕刻中文木活字，很快他就发现木活字有太多的缺点。于是，马士曼从1811年开始铸造铅活字，并于1813年用铅活字印刷出了《新约》中的《约翰福音》，1814年和1815年又分别印刷了《中国言法》和《通用汉语之法》。浸信会对此也广为宣传。这无疑给伦敦教会及在华的马礼逊以极大震动。鉴于以上形势，马礼逊不得不放弃木刻版印的中国传统方法，转而寻求西式印法。他也曾尝试自刻及铸造活字，但因为精力时间的确不够也不得不放弃。

虽然马礼逊最后不得不放弃了中国传统的木刻版印方法和活字的铸造，但他开展的因传教需要而进行的中文印刷出版活动却拉开了中文印刷出版近代化的序幕，也拉开了晚清传教士和教会在华印刷出版的序幕。

2.2 西方传教士对中文活字的研制

19世纪初，在马礼逊之后，西方传教士兴起了研制中文铅活字的热潮。而研制中文铅活字的中心主要在中国的澳门、香港和南洋的塞兰普尔、马六甲、新加坡、槟榔屿一带。

在当时，需要中文铅活字的主要有三类人：第一类是基督教徒，要用汉字印刷传经布道的书籍及宣传品；第二类是输送商品到中国、日本、朝鲜、越南等国的商人，要印刷广告及商品说明书，并出版反映商情的报刊（当时的日本、朝鲜、越南均使用汉字）；第三类是各国汉学家，要编印双语词典，翻译书籍有时须附中文原文，或到中国和使用汉字的地区出版报刊。

同时，西方传教士对中文活字的研制主要经历了三个阶段，即在中国传统雕版的基础上制造活字、完全脱离中国传统雕版的影响而采用西方规范工艺制造活字、电镀造字法。

英国浸信会雪兰坡印刷所是最早雕刻中文活字的教会机构。大约从 1808 年年初开始，雪兰坡印刷所为了印刷马士曼的中文作品长期雇用一名华人监督孟加拉土著雕刻中文活字。该机构还为这名华工提供每个月 4 镑的薪水，并为他提供住宿。雪兰坡印刷所为雕刻中文活字而采用的方法是：整片雕成后，逐行锯成长条，再与《论语》的英译铅字间行排印。每个中文字大约 1.6~1.8 cm^2。后来，又采用整片雕成后逐字锯开排印，活字也变小，只有 1 cm^2。由于木活字太大，造成纸张成本过高。从 1811 年起，雪兰坡印刷所开始制造铅活字，这些铅活字在体积上更小，只有 0.5~0.8 cm^2。

1814 年，为了印刷马礼逊的《华英字典》，东印度公司澳门印刷所的汤姆斯在铸好的铅坯上雕刻中文活字。1814 年，汤姆斯携带活字印刷机器和设备从伦敦来华，在东印度公司澳门办事处开始从事《华英字典》的印刷工作。《英华字典》由英、汉两种文字构成，英文字母为现成铅字，而汉字则需新造。汤姆斯在中国工人的协助下，在含有锡的合金材料上雕刻汉字：先铸造活字柱体，再以人工在柱体上逐字雕刻中文，以形成活字，其高度大小则以相配合的英文活字为准。虽然速度十分缓慢，但最终还是完成了汉字字模的制作工作。1815—1822 年，共印出由马礼逊主持编纂六卷本的《华英字典》600 部，花费资金 12 000 英镑。

开始进行中文活字造字时，传教士们未必想到要赢利，仅仅是为了促进传教活动而已。但随着活字印刷技术在中国的逐步扩散，造字成为制约印刷出版活动的重要环节。金属活版印刷不仅字形美观、清晰，且经久耐用，还可以多次大量印刷，比传统的雕版印刷节约成本，但此时的金属活字制作仍然采用中国传统的雕刻方法，而没有采用西方的工艺方法铸造。汉字的特点是数目繁多；除独体字之外，还有大量左右、上下，以及包围、半包围等结构；中文的编排复杂，与西文明显不同。汉字的这些特点决定了解决中文印刷的关键问题是活字的制作，而最理想的方法依然是铸造。

图 2-7　戴尔

英国的传教士戴尔（Samuel Dyer，1804—1843）（见图 2-7）最早采用雕刻木版翻铸铅版然后再锯成单个铅活字的方法铸造中文活字。

而使戴尔活字发挥更大作用的是麦都思❶（Walter Henry Medhurst，1796—1857）（见图 2-8）。在去巴达维亚印刷所之前，麦都

❶ 麦都思，19 世纪著名英国传教士、汉学家，自号墨海老人。他是英国伦敦宣道会继马礼逊、米怜之后来华重要的传教士之一。他先后在南洋、上海活动 40 余载，从事宣教、著述、出版工作；翻译圣经，设立印刷所，编纂字典，创办报刊，为中西文化交流做出重要的贡献。

图 2-8　麦都思

思在伦敦已有六年的学徒生涯，早已谙熟印刷业务。虽然他主持的巴达维亚印刷所曾用多种方法开展印刷出版活动，但他非常看重中文活字的发展前景。

当戴尔造字遇到资金困难时，麦都思第一时间伸出了援手，鼎力相助。戴尔逝世后，他安排人继续这一工作。19 世纪 50 年代，戴尔的中文活字达到可供实用的 5000 字以后，市场规模也超越了形体不自然的勒格昂拼合字，在最主要的中国市场更是如此，其使用者还扩大至传教士以外的报社、政府与民间印刷出版业者。而活字售卖则成为麦都思印刷出版活动中一个重要的资金来源。

图 2-9　摄自上海的姜别利肖像照
（美国国会图书馆姜别利文库收藏）

姜别利[1]（William Gamble，1830—1886）（见图 2-9）则在美华书馆采用电镀法铸造中文活字。电镀法不仅大幅度降低了活字和铜版的成本，更为重要的是提升了造字速度，可以

[1] 姜别利，亦译“姜辟理”。美国长老会传教士。他于 1830 年生于爱尔兰，后迁居美国；1858 年奉派来华，在宁波主持华花圣经书房，后把印刷所改名为美华书馆，1860 年迁至上海；1869 年任美华书馆主任，负责日常事务；1871 年回国。

在很短的时间内打造出一副足够印刷活动使用的活字。由于采用电镀法铸造中文活字，美华活字很快占领了晚清中文活字印刷市场。不仅书业、新兴报业广泛购买美华活字，连地方政府的官办印刷出版机构也购入了美华活字。活字售卖因此成为美华书馆获利的一个重要来源。作为美国长老会创办的在华印刷出版机构，1860 年才成立的美华书馆是商业运营领域的佼佼者，造字业务成本的降低以及在金属活字市场上的成功是其长盛不衰的重要原因。造字业务的成功，不仅使美华书馆很快超过了拥有广泛社会影响的墨海书馆，还使其成为中国印刷出版业现代转型的重要推动者。

汉字活字铸造一直是晚清传教士和教会利用印刷出版物进行传教的关键所在，西方传教士及工匠在此过程中进行了多方尝试，最终取得了成功。

2.2.1 拼合字的研制及传播

如何减少字模来降低生产成本的问题已经成为当时西方传教士中文活字研制过程中遇到的最大问题，而第一个尝试解决该问题的是来自法国巴黎的铸字师傅勒格朗（Marcellin Legrand）。1834 年，勒格朗在法国汉学家鲍塞尔（Gvillaume Pauthier）的建议和指导下开始采用拼合的方式来铸造中文活字。

勒格朗研制的中文活字被称为“拼合字”，也称“叠积字”（见图 2-10）。当时，为了减少字模，勒格朗等人根据汉字由偏旁部首组成的特点采取了将中文形声字的偏旁与原字分开铸造，然后再加以拼接组合的方法。而对于不能分开的汉字，他们仍制作单字字模浇铸。按照以上拼合原理，他们共制出了 3000 个以上的字模，其中包括 214 个偏旁、1100 个基本汉字。根据勒格朗等人研制出的这些字模，可以拼出 22 471 个汉字。

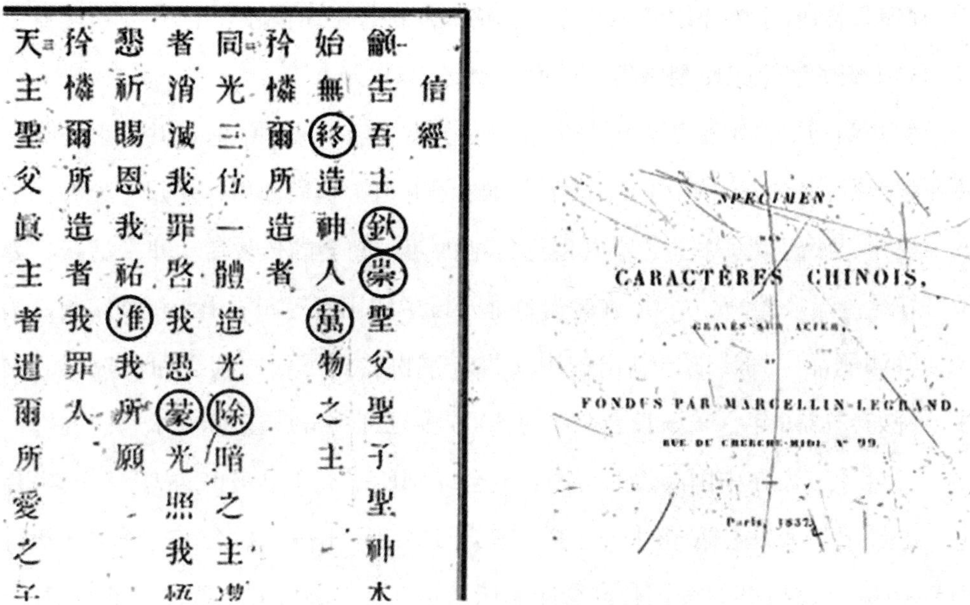

图 2-10　勒格朗拼合活字《信经》试样，1837 年（国家图书馆缩微文献）

勒格朗对拼合字的研制在当时具有很大的影响。1835 年 3 月，《中国丛报》对勒格朗在法国巴黎研制中文活字的消息进行了报道。1838 年，传教士麦都斯在《中国的现状与展望》一书中也对勒格朗的拼合字进行了高度评价：

> 从笔画之精细、高度之精确看，这些活字（勒格朗的拼合字）比亚洲的任何工匠所做的都好。一些活字的形式有点僵硬，不成比例，部分原因是由于没有经验。……但是，总体上看它们极为精细和美丽。

勒格朗的拼合字在当时得到了很好的应用和传播。当时，法国的中文印刷基本上都是采用拼合字。例如，1837 年，巴黎出版的《大学》《道德经》就是用勒格朗的拼合字来印刷的。此外，勒格朗的拼合字还被收入 1845 年巴黎皇家印刷局出版的《皇家印刷所活字样本》中。

勒格朗的拼合字被西方传教士带到中国澳门、宁波和上海，并且很快就开始在教会印刷出版机构中发挥作用。1843 年五口被迫通商后，广州、上海、宁波、福州、厦门以及中国香港和澳门等地的西方教会的传教活动非常活跃。为了更好地传播宗教，西方教会在晚清各地开设了印刷所等印刷出版机构印制《圣经》等印刷品。勒格朗研制出的中文拼合字也受到了西方教会和传教士的关注。例如，1836 年，美国长老会花费 5000 多元订购了一套 3000 个字模的拼合字。1844 年，设在中国澳门的美国长老会印刷所华英印书房也购买了一套拼合字，主要用于宗教书籍印刷。同年，华英印书房还出版了拼合字的样本《新铸华英铅印》。1845 年，美国长老会印刷所虽然迁至宁波，并改称华花圣经书房，但勒格朗的拼合字也因此被带到宁波，该印刷所仍然采用拼合字等中文活字出版了《耶稣教要理问答》等书籍。

拼合字当时影响较大的主要原因在于其减少了字模从而解决了用西方方法铸造中文活字的高成本问题，也使得中文铅活字印刷成为可能。

但拼合字也存在一些自身无法克服的缺陷。例如，其造出的偏旁与原字的比例不一致，两个半字拼合在一起印刷出的效果不仅显得比较生硬，并且还不够整齐，大小不一，从而影响汉字的美观。这一缺点在传教士麦都斯的评价中就已经提到。此外，把一个汉字拆分为两个部分，这也给工人们的检字排版带来了很多困难。

2.2.2 “香港字”的研制

勒格朗的拼合字虽然减少了中文字模从而解决了中文活字铸造的高成本问题，但其自身也确实存在一些致命的缺陷。因此，中文活字铸造遇到的又一个难题是，有没有更好的方法来减少中文字模的数量。而首先解决这一难题的是戴尔。

戴尔于 1824 年加入伦敦教会，于 1827 年正式成为一名牧师并到东方传教，其传教活动的第一站是槟榔屿。

研制中文活字，不仅需要了解和总结中文活字铸造的经验，还需要扎实的中文基础。马礼逊所创办的东方语言学校短暂的开办期间，共有 13 名学员参加了东方语言学校的讲座，其中有 4 人自愿担任传教士，最有成就的学员就是戴尔。因此，戴尔有较扎实的中文基础，能够对中文用字进行分析。

戴尔中文活字的研制工作正是建立在对以往中文活字铸造工作的总结和对汉字使用频率的研究上。在槟榔屿传教期间，戴尔开始了对中文活字研制的第一次尝试。他首先采用的制造方式是：先用木板刻字，然后翻制铸版，最后锯成活字。1828 年年初，戴尔先请自己的中文教师在槟榔屿写好字样，再送到马六甲，由那里的刻工上版刻字，刻好送回槟榔屿校对后再送伦敦铸版，把铸版逐字锯开后就得到了活字，再把这些活字从伦敦运回槟榔屿。由于中文活字铸造本身就非常困难，再加上当时交通不便，戴尔第一次中文活字研制工作一直持续到 1831 年 3 月，时间较长。通过这次试验，戴尔共刻了 55 块版片，其造价也十分低廉，但具体从中得到了多少字不得而知。戴尔本人也对这次研制工作进行了反省，即这次尝试铸版所得的只是活字，而这种铸版活字用久了会有损耗，到时从写样、刻板、铸版、锯字的整个程序又要重复一次，重复的结果不仅会造成成本的累增，而且时间过长，既不经济也不实用。

此时，也有人进行了与戴尔中文活字研制类似的尝试。据 1834 年的《中国丛报》报道，在英国，当时有人用一套雕版浇铸成铅版，再逐字锯开，并由此制成了 700 个活字。另据 1835 年的《中国丛报》报导，在美国的波士顿，有人用中文布道书的雕版 24 面（版）浇铸铅版，制成活字两套，并运到广州供美国传教会书馆使用。

面对其他人的竞争，也为了解决自身第一次研制工作中存在的问题，从 1832 年起，戴尔又利用两年的时间对汉字的使用情况进行了深入研究。戴尔这次对汉字使用情况进行研究的目的非常明确，即要确定一副中文活字究竟包括多少个字，而每个字出现的频次又是多少。为了达到这一目的，戴尔开始重新计算汉字的使用情况，统计的范围除了《圣经》等宗教性著作外，还有《论语》《国语》《四书》《三国演义》《列女传》以及朱熹文集等 14 种中文著作。戴尔把统计对象扩展到非宗教书籍，目的是为了解决整个中文著作的活字印刷问题，也就是从根本上彻底地解决中文活字问题。戴尔研究的结果是：14 种书共包括 3 232 个不同的字，其中常用字约 1 200 个。按照常用字的频率计算常用字使用数量后，整副中文活字的数目是 13 000~14 000 个。之后，戴尔又对汉字的造型特点进行了分类，包括：① 3 000 个常用汉字；②全字；③三份二份、三份一份（将一个汉字垂直分为两部分，一部分占 2/3，另一部分占 1/3；或一个字的各部分各占 1/3）；④直写对半、横折对半（水平、垂直把一个汉字分为两部分）；⑤四份一份（水平、垂直将一个汉字分成四部分）。

此外，他还在一些华人刻工的帮助下对钢字冲模、字模、铸造之间如何处理等问题进行了研究。

经过数年不间断的努力，戴尔共完成了汉字活字大字模 1845 枚，以及一部分小号字模，其汉字活字金属字模铸造方式随后传入中国内地。

1842 年《南京条约》签订后，伦敦教会认为传教士进入中国的时机已经到来。戴尔与其他英国传教士于 1842 年年底齐聚香港，商议在中国传教事宜。但不幸的是，1843 年 10 月，戴尔因突发疾病去世。此时，戴尔已经完成了汉字活字字模 1540 个，小字字模约 300 个，与其预计的 3232 个尚有差距。

之后，新加坡的牧师斯特罗纳克（Alexander Stronach）继承了戴尔的铸字工坊，又新增制了 370 个字模、1226 个钢模，使汉字字模总数达到 3041 个。1846 年，斯特罗纳克离开时将字模与印刷机具带至中国香港，字模总数增至 3891 个。1847 年起，美籍印工柯理（Richard Cole）接手此项铸字工作，至 1850 年，大小两副活字铸造数量约 4500 个，1857 年达 5584 个，1865 年达 6000 个，常用字均已包含在内，此后再未新铸字。

由戴尔开创铸造的这套汉字活字由于最终在中国香港完成，因此人们把按戴尔的方法铸造出的中文活字称之为“香港字”。香港字铸造出来后，其应用也非常广泛。例如，仅英华书院使用香港字印刷的书籍就包括咸丰十一年（1861）印刷的《旧约全书》、同治七年（1868）印刷的《伊娑菩个比方》，以及同治十二年（1872）印制的《俪白妃黄》等。

戴尔在中文活字研制史上具有重要的历史地位。他不仅第一个对汉字的使用进行了研究，还从使用频率入手解决了减少汉字字模的问题，他也是第一个完全使用西方活字印刷的原理和正统工艺铸造中文活字的西方传教士。

香港字一出现，其他活字都相形见绌。从 18 世纪 50 年代初开始，香港字就成为中文印刷出版市场上最主要的活字，这种情况一直持续到 18 世纪 60 年代中期姜别利的新字出来为止。

2.2.3 “美华字”的发明

姜别利（Gamble W，1830—1886）原籍爱尔兰，早年移居美国，在费城一家印刷公司工作，后去纽约圣经书房。1858 年受美国长老会的派遣来华主持宁波长老会印刷所的工作。1860 年，宁波的印刷所迁至上海，改名为美华书馆。姜别利在美华书馆负责印刷所工作近 10 年，致力于中文活字铸造技术的改进，贡献极大。其主要贡献有发明电镀造字法和发明排字架。

西方传统活字制作工艺是雕字范、冲字模、铸活字。但西方这种传统方法的制作成本较高，尤其是对于字数较多的中文来说。在雕字范、冲字模、铸活字这三个工序中，最耗时的是前两道工序。

而姜别利发明的电镀造字法恰恰很好地解决了前两道工序问题。其方法是用纹理细密的黄杨木刻出阳文字，再将木刻阳文字电镀制成紫铜阴文，镶入黄铜壳子形成字模。刻黄杨木当然比刻钢字容易多了，电镀制模也比冲压制模容易。姜别利的电镀造字不仅省时，还可缩小活字的尺寸，而且其字形更明晰美观，因而一经问世便广受欢迎。其制作的活字大量出售给报馆、政府机构以及其他国家相关机构。美华书馆利用姜别利的方法制成铅字六种，以字号命名（一号至六号），俗称“宋字”。当时这种铅字由美华书馆大量出售，又称为“美华字”。

检字排字是中文印刷的另一个难题。姜别利沿用戴尔的方法，对汉字的使用频率进行了分析。只不过这次姜别利分析得更彻底，规模也更大。他雇用了两名中国学者，每人两年为期，查清了包括《圣经》在内的 28 种书，共 130 万字。姜别利按照发现次数将汉字分为 15 类：其中重见达 10 000 次以上的有 13 个字，重见 1 000 次以上的有 224 个字，重见不超过 25 次的有 3 715 个字。姜氏根据这一结果将中文铅字分为常用、备用、罕用三大类。他设计了一个木架，正面置字二十四盘，中间八盘装常用字，上下各八盘都装备用字，两旁边四十六盘则用来装罕用字。每类字都按照《康熙字典》部首检字法分部排列，排字工站在中间，就架取字。姜别利发明的这一方法比过去没有排字架的检字方式最少快三倍，一直沿用到 1909 年商务印书馆对此做出改进为止。

姜别利将包括自己创制的两套活字在内的六套中文活字体系化、统一化，使它们依序排列，符合西文印刷的字号标准，因而奠定了现代中文印刷字体字号标准化的基础（见表 2-1）。

表 2-1　姜别利字模规则对应表（1868—1869 年）

名称	号数	点数	美制	原创	备注
戴尔活字	一号字（显）	24	Double Pica（双派卡）	戴尔 / 柯理	也称“槟榔屿活字”
柏林活字	二号字（明）	22	Small Double Pica（小双派卡）	贝耶豪斯	也称“贝耶豪斯活字”
巴黎活字	三号字（中）	16	Two-line Brevier（二行布列维）	勒格朗	也称“勒格朗活字”
香港活字	四号字（行）	13.5	Three-line Diamond（三行达蒙特）	戴尔 / 柯理	也称“戴尔小活字”“柯理活字”柯理在香港改良戴尔小活字
上海活字	五号字（解）	11	Small Pica（小派卡）	姜别利	也称“姜别利活字”
上海小海字	六号字（注）	8	Brevier（布列维）	姜别利	也称“姜别利小活字”

姜别利在 1865 年年底完成自己的五号和六号活字创制之后，1866—1869 年，对其他全部活字进行了整体的增补、改进和完善工作。这个改制工程相当大，如柏林活字（二号字）等几乎相当于重新打制一套。尽管直到 1869 年才最后完成改制，但从 1868 年 12 月开始，在美华书馆印刷的《中国教会新报》上，已经陆续出现美华书馆的活字“告白”，这六套活字已经以一号至六号字的名称按大小依序排列并计价，可以看作实物证据（见图 2-11）。

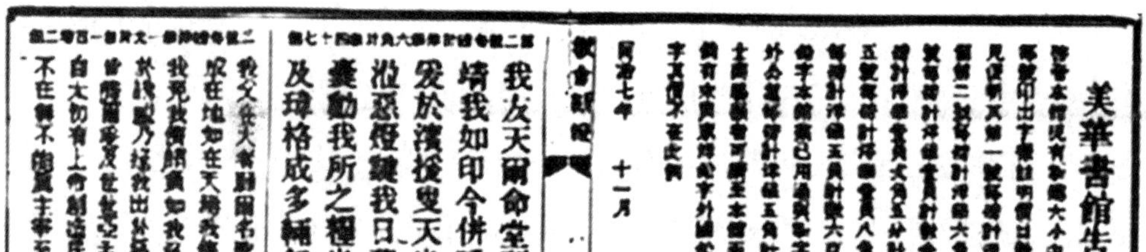
美華書館告白

同治七年 十一月 日 本館主人啓

我父在天者願爾名聖爾國臨格爾旨得成在地如在天焉我儕所需之糧今日賜我免我儕諸負如我免負我者尤毋導我於誘

我父在天願爾名聖爾國臨格爾旨得成在地如在天焉我儕所需之糧今日賜我免我儕諸負如我免負我者尤毋導我於誘惑乃拯我出於惡蓋國也權也榮也皆歸爾

图 2-11 美华书馆刊登于《中国教会新报》（1868 年 12 月 19 日）上的贩字广告

在姜别利之后，狄就烈（Mateer Julia Brown）接手了美华书馆的印刷事务，并印刷出版了《铅字拼法集全》一书，该书从使用频率、字形的方面对汉字进行了分类统计，为汉字活字制造和印刷排字等提供了便利。

需要补充的是，除拼合字、香港字和美华字之外，美查字也是近代西方人带来的汉字印刷技术之一。美查字的发展比拼合字、香港字和美华字要晚，由英国商人安纳斯脱·美查（Ernest Major）创制。美查创办了《申报》、申昌书局和点石斋印书局，1884 年又组建古今图书集成局并创制“美查字”。与其他字体不同，美查字字形大而扁，节省版面篇幅，并且方便印刷。

2.3　石印技术的传入

18 世纪，欧洲在纺织、采矿、冶金、化学等领域爆发了第一次工业技术革命。发生在科学技术领域的这场革命，其鲜明特征是大批新机器被发明出来并被广泛运用，部分机器取代人力，促进了欧洲工商业的迅速繁荣。与科学技术领域发生的革命相对应，18 世纪的欧洲还在思想领域发生了一场革命，这就是法国的启蒙运动，使近代的科学精神在欧洲广为传播。

但与纺织、采矿、冶金等行业的迅速发展不同，当时欧洲的印刷业，不管是传统的木刻技术，还是 15 世纪德国人约翰内斯·古登堡（Johannes Gutenberg，约 1400—1468）的铅活字印刷，都无法满足工业技术革命时代对速度和效率的追求。当时欧洲印刷业的发展也迫切需要一场新的印刷技术革命或突破。

2.3.1 石印技术的发明

石印技术是西方印刷史上继约翰内斯·古登堡的铅字印刷术后的又一重大发明，也是18世纪末欧洲在印刷领域的一场新的印刷技术革命或突破。

清嘉庆元年（1796），奥匈帝国人阿罗斯·逊纳菲尔德（Aloys senefelder，1771—1834）在其印刷工作室意外发明了石印技术。随后，逊纳菲尔德通过大量研究和试验对其技术加以改良，并于1818年出版了其研究的重大成果，即《石印详解》一书。1819年，该书的英文版和法文版相继出版。石印技术因其便捷的制版和低廉的成本获得了当时欧洲人的青睐，同时也为印刷业开启了平版印刷的新时代。

在《石印详解》一书中，逊纳菲尔德详述了石印技术发明的过程。根据其著作中第一章的描述，石印技术的发明过程为：

> 逊纳菲尔德，18世纪末奥匈帝国人，生于布拉格，居巴伐利亚。尝学法律，其父既故，继承乃父事业，为旅行剧团负责人。1792年始创作剧本，时声名不显，作品少有出版社问津。尝谋自印，然木版、铜版价甚昂，乃作罢。思以新法印行。巴伐利亚索伦霍芬地区（旧译克里赫姆）特产石灰岩板，质密色浅细腻。先是用于营造构建，逊纳菲尔德以其制版。1796年，将其母洗衣房订货单，随手以蜡笔书于石板，以备查索。后以硝酸溶液清洗，字迹成浮雕状。再施以油墨，纤毫毕现。后不断进易其法，改以油性蜡笔书反书于石上，再用摘酸混合阿拉伯树胶液覆盖，清洗后润水棍墨印刷。因油水相拒，油墨只吸附于

蜡笔部分，再转印于纸上。据希腊语“石上描绘”一词，此法被名之为，即石印。

1817 年逊纳菲尔德在 1805 年发明的木制石印机基础上研制成功铁质石印机，并于同年研究成功锌锡版替代石板的技术，而转写纸落石法的研制成功则解决了反书不便的问题。落石转写和金属板的应用为后来平板胶印的出现奠定了基础。

1799 年，逊纳菲尔德取得巴伐利亚政府石印专利，15 年内不许有竞争者。1800 年，在德国奥芬巴赫，逊纳菲尔德创办了第一个石印工坊，出版商约翰安德尔以 200 盾的价格买下专利，并经营工坊，由逊纳菲尔德主持训练两人操作。1808 年逊纳菲尔德出色完成巴伐利亚皇家图书馆所藏丢勒《马克西米连祈祷书》的彩色石印出版工作，被任命为皇家印刷所监督官。在约翰安德尔的努力下，石印技术开始从德国迅速推广到了整个欧洲。石印书籍、石印报刊、石印版画等石印印刷品成为印刷出版业的新兴力量。

2.3.2　石版印刷术的制作原理及材料、工艺的革新

石印术利用水油不相融的特性进行图文复制，这也是其后所有平版印刷技术的基本原理。

其基本制作程序是：

（1）磨光石版。

（2）用一种油性物质在石头上书写或作画，被石头表面附着，或先画在转

写纸上再印于石面。

（3）用水弄湿石头，石头上没有油性颜料保护的部分就会吸附水分，形成印版。

（4）用滚动器为石头涂上油墨，石头上含油的部分能吸附油墨，含水部分排斥油墨。

（5）将一张纸压在石头上，油墨形成的图案就从石头上转印到纸上。

若是照相石印，则是将底本用照相方法摄制成阴文湿片，落样于涂布感光胶的胶纸上，或直接落样于石版上，经过处理形成印版，即可再现原书。

石印技术一经发明，其材料和工艺就开始了不断的革新和发展。就印刷版材来说，它就经历了最初的石板，到锌板，铝板，乃至以后的胶板的变化。最初的石印技术照例是黑白的，但由于有成熟的铜版套色技法在先，石版画从黑白印刷过渡到彩色印刷的进程很短暂。它的发明者逊纳菲尔德就曾在画家帮助下，参考铜版套色技法于 1818 年成功地完成了 9 色印刷。后经过不同艺术家不断地试验和改良，法国人恩格尔曼（Godefroy Engelman）于 1837 年终于成功地用红、黄、蓝、黑四色版重叠套印出许多颜色，这就是一直沿用到现代的四色印刷。

照相术与石印术相结合，使得石印技术又向前迈进一大步，这就是照相制版技术。早期从事照相术研究的大部分是石版印刷的爱好者或者石版画家，其最初的设想就是使用感光材料将图形呈现出来，然后通过转印的方式转到石版上，并通过石版印出来。这一技术到 18 世纪 60 年代发展成熟，并在这一基础上产生了珂罗版印刷技术。

2.3.3　石印技术与中文印刷

石印技术传入中国与当时教会传教士的传教活动有密切关系。传教士必须借助纸质宣传品的广泛散播来扩大影响，吸引教众。对于早期教会来说，铸造一套汉字铅活字成本高昂，而华人地区流行的传统雕版印刷对于印制各类临时的小册子来说也有缺陷。石印技术廉价、快捷、操作简便，相对于字符结构的西方文字，图形结构的中国文字在当时更适合用石印技术复制，所以很快受到当时经费不足的来华传教士的青睐，用以印刷简单的布道小册子以及非正规的临时宣传物。

据考证，大约从 1828 年开始，石印技术已经用于中文印刷，传教士麦都思在巴达维亚印刷所印刷出版了中文书籍《中文课本》[1]，1829 年又出版了《东西史记和合》一书，之后还陆续出版了《问答浅注耶稣教法》《神理总论》《福音调和》《新遗诏书》等。这些都是石版印刷。

西方石印技术最早传入中国澳门和广州。第一个学会石印技术的中国人是梁发的徒弟屈亚昂。清道光十二年（1832）前后，他跟马礼逊的长子马儒翰学习石印术，常在澳门印刷许多一面经文、一面图画的布道宣传品。鸦片战争之后，这一技术又传入上海等地。麦都思改进了油墨质量，印制了成册的图书，印刷速度有所提升，还可以印多种文字。因此，麦都斯的技术比马礼逊更为先进。

另外一位在中国从事石印印刷的是马礼逊的女婿、传教士本杰明·合信（Benjamin Hobson，1816—1873）。合信于 1847 年在广州建立惠爱医馆，从事传道活动。他利用从中国香港商人手中购买的一部石印机开展石印印刷。1849

[1] 封面没有中文名称，只题名 Chinese School Book，共 16 页。

年出版的《天文略论》一书，用石印的方式印刷了单面的亚洲地图，地球全图，亚洲、北美洲、欧洲四幅合一的大张折页，背面印有太阳系图、日食、月食等，以及单面印制的星球图和千里镜图等。1850 年印刷了《广东方言会话》一书。1851 年合信又出版了一部生理学图书《全体新论》。该书是基督教传教士向中国引介的第一部医学专著，内中附有 271 幅插图，其中约四分之一石印在七张大折页上。石印的效果十分逼真。不同于以往的传教书刊不太受华人关注，该书一出版立刻受到了欢迎，还出现了数种仿印本，甚至当时的两广总督叶名琛也以其父名义仿刻印制了《全体新论图》八轴，足见其受关注程度之高。

石印技术传入中国后直到 1880 年后才得到普及。学术界有一个颇有意思的问题："石印术于 1832 年传入中国，但到 1880 年以后才得到普及，为什么在这段时间内没有得到推广？"这当中的原因是多方面的。一是受到官方限制，传教士的传教活动限于秘密进行，普通百姓难以接触到石印技术，因而限制了其传播；二是石印所采用的石版、油墨等多需进口，高昂的费用也限制了这一技术早期的传播。在西方传教士的倡导和努力下，石印和铅印技术在近代中国并存发展着。

2.4　教会印刷出版机构

教会在华最初的印刷出版活动主要集中在澳门、南洋一带。这一时期由于传教环境并不成熟，传教规模较小，教会一方面使用中国传统雕版方式印刷一些传教品，一方面积极尝试各种中文活字的制造方法，开始了中文活字印刷。鸦片战争后，教会印刷出版活动先是转到我国澳门和香港地区，后再转到宁波、上海等地。由于传教环境大为改观，各国传教士纷纷开始到达中国，传教规模随之迅速扩大。与此相应的，传教士的印刷出版活动也正式进入中国内地，并开始活跃起来，各国传教士在各地先后开办了一些印刷出版机构。1875—1911 年，西方教会传教的规模和范围都有很大发展。因此，教会印刷出版也进一步发展，大量教会印刷出版机构在各地纷纷建立。这一时期传教士印刷出版的特点是机构进一步增多，影响进一步增强，出现了一些重要的印刷出版机构和印刷出版物。

晚清教会印刷出版机构主要有：香港英华书院印字馆、墨海书馆、华花圣经书房及美华书馆、清心书馆、福州卫理公会书馆、宁波传教士协会书馆、北京崇实印书馆、上海土山湾印书馆、北京遣使会印书馆、河北献县张家庄天土堂印书馆、上海格致书院、圣教书会、广学会，等等。部分主要教会印刷出版机构的发展历史简介如下。

2.4.1　墨海书馆

1843 年，英国传教士麦都思将其设在巴达维亚的印刷所迁到了上海，这就是墨海书馆的由来。1863 年，墨海书馆停办。墨海书馆是上海第一家有铅印设备的印刷出版机构，引进和使用了铅活字印刷设备及其技术。曾在墨海书馆做过编辑的王韬就曾对这一新技术的使用过程有相当详细的描绘：

西人设有印书局数处，墨海其最著者。以铁制印书车床，长一丈数尺，广三尺许。旁置有齿重轮二。一旁以二人司理印事。用牛旋转推送出入，悬大空轴二，以皮条为之经，用以递纸。每转一过，则两面皆印，甚简而速，一日可印四万余纸。字用活板，以铅浇制。墨用明胶、煤油合搅煎成。印床两头有墨槽，以铁轴转之，运墨于平板。旁则联以数墨轴，相间排列。又揩平板之墨，运于字板，自无浓淡之异。墨匀则字迹清楚，乃非麻沙之本。印书车床重约一牛之力。其所以用牛者，乃以代水火二气之用耳。……印书车床制作甚奇。华士之往来墨海者，无不喜观，人之吟咏。秀水孙次公《洋径派杂诗》云“车翻墨海转轮圆，百种奇编宇内传。忙杀老牛浑未解，不耕禾陇种书田”。

墨海书馆除了印刷《圣经》和其他宗教小册子外，还编译出版了大量西方科技著作，包括数学、物理学、天文学等方面的书籍，如《续几何原本》《代微积拾级》《重学浅说》《重学》《谈天》《西国天学源流》《植物学》《大美联邦志略》《博物新编》等西学书籍。这些西学书籍的编译出版，第一次把西方近代的植物学、代数、解析几何、微积分及近代天文学比较系统地介绍到了中国。

2.4.2 清心书馆

清心书馆又称清心书院，由美国北长老会于1850年在上海开设。清心书馆虽开办较早，但早期以教育为主，1875年后出版了《小孩月报》《画图新报》两种期刊。

2.4.3　福州卫理公会书馆

福州卫理公会书馆创立于 1862 年，采用企业管理模式，注重印刷设备的引进更新，基本上以印刷为主。

2.4.4　宁波传教士协会书馆

宁波传教士协会书馆成立于 1869 年，最初只能进行英文印刷，1881 年后开始中文印刷，以杂件印刷为主，兼印中文宗教读物。

1842 年 12 月，伦敦传教会决定创办英华书院的神学系，并将马六甲英华书院转移到中国香港。1846 年，伦敦传教会新加坡布道站的印刷机、中文活字、铸字设备以及华人工匠等都转到了香港，香港英华书院便正式开始了印刷活动。香港英华书院印字馆的印刷活动主要有两种。第一是代工印刷。香港英华书院印字馆的几乎所有印刷品都是代人印刷并收取费用。如 1853—1856 年出版的《遐迩贯珍》月刊，传教士理雅各（Legge J，1817—1890）的《中国经典》，英国圣经公会委托印刷的新约旧约，以及由宗教小册子协会委托印刷的传教小册子等。第二种是铸造活字出售。中文活字铸造是香港英华书院印字馆的主要业务，在 19 世纪四五十年代，英华书院的中文活字占据了主要的中文活字市场，被称为“香港字”。当时几乎所有教会机构的中文印刷都在使用英华书院的活字，包括美国海外传教委员会的新加坡布道站、美国浸信会的曼谷布道站和美国长老会的澳门布道站。英华书院活字最大和最有名的客户则是墨海书馆。另外，香港的中文报纸最初也用的是英华书院的中文活字。从 1843 年创立到 1852 年，香港英华书院印字馆的印刷业务基本上是亏损的。这主要有两方面的原因：一是在代印业务方面主要以宗教品印刷为主，而宗教品印刷又始终坚持非赢利原则，只在印刷成本上加 10% 计价收费，这往往造成入不敷出；二是在这期间活字铸量较少。从 1853 年开始，随着活字生意的扩大，英华书院开始产生盈余。1853 年有盈余 500 银元，1858 年达到最高的 2716 元，1861—1866 年，每年盈余在 1000~2000 元。从 1867 年起，由于其最重要客户墨海书馆关闭，再加上美华书馆的兴起，英华书院印字馆又从赢转亏。1873 年，英华书院的印刷设备转手到中华印务总局。

2.4.5 土山湾印书馆

土山湾印书馆又称“土山湾孤儿院印书馆”，是由天主教传教士在上海地区建立的孤儿院发展而成。1842 年，从法国来的耶稣会传教士到上海后，直接到了上海附近的浦东、松江一带的农村地区活动。耶稣会传教士在天主教徒较多的横塘村建立了修道院和孤儿院。1850 年，横塘的孤儿院迁到了蔡家湾。1851 年，耶稣会传教士将蔡家湾孤儿院的孤儿按男女分开，当时共有 66 个孤儿，其中男孩 43 个，女孩 23 个。23 个女孩子被送到另外的地方，蔡家湾从此就只收男孤儿。管理蔡家湾孤儿院的传教士安排这些孤儿学习手艺，其中一项就是雕版印刷。1860 年 8 月，太平天国军经过蔡家湾，杀死了管理孤儿院的教士，一部分孤儿就逃到了上海，暂居董家湾。1864 年，董家湾的临时孤儿院迁至邻近徐家汇耶稣会会院的土山湾。这时孤儿数量增加到 342 个，其中大约 130 个大一些的孩子就在孤儿院开的各种工场里做工。这些工场中的一间就是印刷工场，后来发展为土山湾孤儿院印书馆。

土山湾印书馆的印刷工作应该从 1850 年在蔡家湾时就开始了，那时可能规模较小，到 1864 年孤儿院迁到土山湾后才具备一定规模。1869 年，土山湾印书馆印刷的中文书籍已经超过 70 种。这些图书基本上都是宗教著作，其中大部分是十七八世纪时利玛窦、柏应理、李玛诺、南怀仁、艾儒略、潘国光、庞迪我等旧耶稣会传教士著作的再版。1870 年前后，土山湾印书馆盘下了上海一家外国印刷厂，买进了一些印刷机和外文铅字模，自己又添置了一些中文铅字模，开始筹备铅字印刷。到 1874 年，土山湾印书馆正式开始机器铅字印刷，印刷的第一本西文书是天文台推算的附有日出日落时刻表的 1874 年的《日历》，第一本中文书籍是宗教用的《弥撒规程》。土山湾印书馆的机器铅字印刷虽然起步晚，但开始后就具有一定规模，发展迅速。1875 年印书馆的第一本西文书目就收有 180 种图书，1889 年的《土山湾孤儿院印刷所出版图书目录》收有图书 221 种。1898 年，印书馆有工人 100 名，学徒 40 名。土山湾印书馆出版教士自己的著作和译作是在 1875 年以后。1879 年，印书馆还出版了刊物《益闻录》。

2.4.6　北京遣使会印书馆

北京遣使会印书馆又称“北堂遣使会印字馆”“北堂印书馆”。北堂，即西什库教堂，建于康熙四十二年（1703）。教堂设立之后，耶稣会传教士就曾用雕版印刷方式印刷教理方面的书籍。1860 年法国军队撤离北京时，给北堂留下了一台斯坦荷普铁制印刷机，这是一种手摇式的铅石两用平板印刷机，一小时约印 300 张。以此为基础，北堂于 1864 年成立了印书馆，采用铅印印书。

2.4.7 河北献县张家庄天主堂印书馆

河北献县张家庄天主教堂大约在1861—1863年建成。1874年夏，它建立了印书房。印书房初期只是为传教士、教徒及学生印刷所需的书籍，如《日课经本》《教义说明》等。到19世纪90年代后，开始印刷和出版传教士的著作和译作。

2.4.8 上海格致书院

上海格致书院由当时的英国驻沪领事、麦都思之子麦华陀（Sir Medhurst W H，1823—1885）倡议创办。1873年3月，由麦华陀署名的倡议书分别在上海的《北华捷报》和《申报》上发表，得到各界的积极响应。1874年，格致书院正式进入筹备阶段，同年3月格致书院章程在《申报》发表，同月董事会成立。徐寿受托具体修订了格致书院的章程，亲自绘图设计，指导动工兴建。书院的房舍于光绪元年（1875）落成。征集、购置图书仪器主要由傅兰雅负责。1876年6月22日，格致书院正式成立。

格致书院实行董事会管理的体制，董事会由中西人士共同组成。在格致书院成立的过程中，以麦华佗、傅兰雅等为主的西方人士起了主要作用。书院成立以后，以徐寿、王韬等为主的中国人对书院事务影响较大，基本上是一个中外董事共同主持的机构。书院的开办经费共6929两，1521洋元，其中80%以上都是由中国官员绅商捐助的。直隶总督李鸿章、两江总督李宗羲捐款都在千两以上，上海道台更是捐了2000两。格致书院1875年年底从英国方面募得价值现银 20 万左右的各式科技仪器。

《格致汇编》的创刊号于光绪二年（1876）问世，此后每月按期发行。第一年的每一期大约有二万字左右。第二年每期增至三万字。每期还有不少广告。出满两年之后，由于傅兰雅送其夫人返回英国治病而停刊。光绪六年（1880），《格致汇编》恢复出版。此次复刊，仍然每月出版一期，直至光绪七年（1882），因发行不畅、亏本较多而第二次停刊。傅兰雅于光绪十六年（1890）再次决定复刊。这次复刊，改为季刊，每期增加了页码。这次复刊比较隆重，不仅将月刊改成了季刊，其英文名字 *The Chinese Scientific and Industrial Magazine* 也是在这次复刊时取的。季刊坚持了三年，到光绪十八年（1892），出完第七年的冬季号以后就彻底终刊了。《格致汇编》全刊共跨 17 年，实际仅仅出版了 7 年，共 60 期。其中，月刊 48 期，季刊 12 期。开本一直都是小 16 开，月刊本的页码大约 25 面，季刊本页码大约 7 面。

《格致汇编》由上海申报馆印刷，采用铅印。杂志印刷精美，图文并茂，其中许多插图是用铜版镂镌的。《格致汇编》的印数非常多，其创刊号就印了 3000 册，当年九、十月即销售一空并迅速重印。而同期江南制造局印刷出版的译书，一般印数都在 1000 册以下。

《格致汇编》的发行范围很广。创刊之初，利用续补《中西闻见录》的关系，就有 24 处代销点。到 1880 年 5 月，代销点增至 38 处。1880 年年底，增至 80 处。除了上海附近的南京、镇江、苏州、扬州、杭州等地之外，长江沿线的安庆、汉口、武昌、九江、沙市、宜昌、武穴、兴国、重庆，沿海的福州、厦门、宁波、温州、中国香港，直隶的北京、天津、保定，以及新加坡、日本神户和横滨等地也有代销点。

2.4.9 圣教书会

圣教书会是专门印刷出版基督教读物的机构，印刷各种圣经注释与劝世文、醒世歌等，以开通民智、化导人心为宗旨。当时传教士在主要的传教地区都成立了这样的机构，如 1878 年在上海成立的圣教书会，1876 年在汉口成立的中国圣教书会，1882 年在天津成立的华北圣教书会，1891 年在福州成立的闽北圣教书会等。各地成立的圣教书会性质相同，但互不相属，各自独立。它们都是英、美两国圣教书会在中国的延伸机构，其经费主要直接来自纽约或伦敦的圣教书会。

2.5 教会印刷出版机构的商业意识、经营方式及效果

2.5.1 商业意识

西方，尤其是中世纪之后，教会印刷出版机构虽然不以营利为目的，但是印刷出版业的主导力量多是民间商业资本，追逐商业利益仍然是主流。晚清，西方教会在传教“天职”之外，还继承了西方印刷出版机构的商业意识，并将其融入教会的印刷出版活动中，客观上推动了晚清印刷出版业的近代化。

晚清，西方教会在华从事的印刷出版活动一直得到本国相关传教会组织的资金支持和帮助。但是在日常的印刷出版活动中，其所获得的资助也并非一帆

风顺，尤其是当在华传教士从事某些与传教事业无关的印刷出版活动甚至是出版印刷个人著述时，往往很难得到本国传教会的资金支持。这种情况下，他们往往利用自身掌握的技术，通过商业活动谋求资本盈余，进而自主地开展各项印刷出版活动。

例如，马礼逊最初的印刷出版活动是以中国传统的木刻进行的。他主持编纂、刊印的两部著作——《中英—英中字典》和《神天圣书》，以及他和米怜共同主编的《察世俗每月统纪传》，都是木刻刊印。马礼逊认为，中国木刻能够彰显汉字的优美形构，其印刷品亦庄重典雅。在印刷出版一些典籍，尤其是印刷《圣经》时，木刻比西方活字印刷更能体现出一种独特的"神圣性"。但是，当他编印一些时效性较强的传教小册子，尤其是《察世俗每月统纪传》这样的月刊时，发现木刻的时效性以及成本远远超活字印刷技术。与此同时，马礼逊为传教而进行的印刷出版活动常常遇到经费问题，每当遭遇此类问题，都不得不多次向伦敦传教会和其所兼职服务的东印度公司求助。交涉过程中，马礼逊和伦敦传教会因经费问题而数次发生冲突。这种局面，使他不得不从商业经营的视角重新思考木刻与活字的运营成本。最终，马礼逊从海外引进了西式印刷机，并着手打造活字，其印刷出版活动也逐步从木刻向活字转变。在这一巨大转变中，降低运营成本的商业考量是重要的决定因素。

除了印刷出版传教类书籍和个人著作，晚清传教士还承接各类在华西方商业机构的世俗商业印刷出版业务。例如，墨海书馆、花华圣经书房、美华书馆都曾承接此项业务。这类世俗商业业务为他们带来了可观的收益，可以看作教会在商业方面的新尝试。但这类世俗商业业务的开展，也必然会引起本国传教会的不满。例如，宁波花华圣经书房就曾因开展世俗商业印刷出版业务而受到美国长老会的批评。虽然受到了批评，但麦都思等人还是坚持开展此类业务。这与他们自身具有较强的商业意识以及其印刷作坊学徒出身的身份是分不开的。早在 1403 年，英国就成立了印刷出版者行会，所有的书商、印刷作坊等都加入进来。虽然行会是英国政府为控制印刷出版活动而设立的，但是它在维护书商的商业利益、培养从业者的商业意识等方面也贡献突出。麦都思等人作为印刷作坊学徒的那些日子，其商业经营意识早已渗透到日常业务的每个细节中。而他们在华进行传教的同时，也必然会把这类商业经营的方法运用到教会的印刷出版活动中。

此外，伴随着西学东渐，教会印刷出版机构也非常重视印刷出版自然科学类书籍所带来的利润。晚清，西学逐步进入中国，并引起了当时知识阶层的极大兴趣。尤其是自然科学知识,更是被士大夫阶层视为导致中国落后的重要因素。教会印刷出版机构很早就认识到，在印刷出版领域，除西方政治、历史、地理方面的著作外，自然科学类书籍的印刷和出版具有非常广阔的市场。例如，墨海书馆就印刷出版了很多自然科学类书籍。伟烈亚力、慕维廉等人编辑了综合性的月刊《六合丛谈》，翻译出版了传教士合信撰写的《西医略论》《妇婴新说》等医学著作;慕威廉则编译了《格物穷理问答》《地理全志》《大英国志》。此外，伟烈亚力本人还撰写和翻译了《续几何原本》《数学启蒙》《重学浅说》《代数学》《代微积分拾级》《谈天》等数学和天文学书籍。姜别利的商业意识更胜一筹，因为“其时国人竞研科学，美华书馆出版数理之书最多”。这些自然科学类书籍的印刷出版，不仅扩大了传教士本人及教会在中国知识阶层中的影响力，也为其印刷出版活动带来了可观的收益。

2.5.2　经营方式与效果

晚清，教会印刷出版机构一般都很注重书刊的发行。有的机构自办发行，有的机构实行委托发行。自办发行的机构则极力拓展自己的业务，或为别的机构代售书刊，或进行一系列的促销活动，或建立自己的发行网。还有一些机构主要经营欧美等地的图书杂志。总体上，教会印刷出版机构的经营具有以下特点。

1. 赠书和售书相结合

有些教会印刷出版机构，既有赠书活动，又有售书行为。赠书是传教士的传统手法，售书则是其增强经济实力所必需的经济行为。而且在其经费不足时，必然以售书为主。

例如，墨海书馆起初没有设立销售机构，先是散发《圣经》等小册子，在其印刷停业以后，开始自办发行，还为别的书馆代售书刊。

再如，广学会在赠书与售书结合方面就非常突出。广学会成立以后，就开始了赠书和售书活动。赠阅书刊的方式，一是在科举考场外向考生赠书；二是通过各种途径向中央和地方官员赠书。

广学会并非不做赚钱的营生。事实上，广学会很注重传教和商业的结合。《同文书会年报》第二号中有这样一段话：

> 只有在像这样一个企业中，商业因素和传教因素比在其他任何企业中都更接近。支持本会这方面的人，为了能对中国的启蒙起一些作

用，做了些无报酬的工作；只要用少量的钱帮助他们，事情就能办成。商业和传教是达到这种目的的两大力量……这两个力量联合起来，就能做出巨大的工作来。

在1890年以前印刷设备还没有被卖掉的时候，广学会在传教“天职”之外，就曾利用这些印刷设备“做了某些赚钱的工作”，如“为大英圣经公会、美国圣经公会不断印刷新旧约圣经；也为在中国各地的朋友刻印他们的书籍，他们在医院和其他方面的工作报告”。此外，还是印度基督教本地会的中国代销机构。同时，“也经销伦敦基督教小册子刊行会、爱丁堡的纳尔逊父子书店，学校教科书丛书委员会的各种出版物”。后来，除了捐资而必须的散发外，无偿赠发的越来越少。1892年同文书会的年报中说：

我们不得不大大缩减赠书的数量。为了鼓励零售，我们按照商业惯例给批发者以六折优待，但是书刊出售价一定要抵得过我们的成本。只有我们的资金增加了，才能考虑特别赠阅。

有些看似数字庞大，但实际印张少，成本不高。这说明广学会是注重商业利益的。正如他们自己所说：

虽然我们乐于并能够大量地免费散发，但是我们主要还是希望通过销售书籍去影响中国人。

1895年以后，从《广学会年报》的账目来看，除去其他开支，书刊是盈利的，其营业额是成倍增长的。所以，到1898年，广学会就开始在上海设立自己的门市部，发行业务有了进一步的拓展。到 1902 年，书刊营业额超过 43 500 美元。

2. 书刊并举，联合互动

部分教会印刷出版机构不仅印刷出版书籍，还印刷出版报刊，实行书、刊、报的联合互动。例如，墨海书馆在出书的同时，还印刷出版了《六合丛谈》。申报馆除了印刷出版报纸外，还设立古今图书集成局、申昌书画室、申昌书局、点石斋石印局等机构出版书籍。除了排印《钦定古今图书集成》外，该馆用铅字排印了许多小说、笔记和其他书籍，称为“申报馆聚珍版丛书”，先后出版有 160 余种。1878 年影印的《康熙字典》，初重版共 10 万部，创当时印刷出版物最高行销数纪录。还创刊《瀛寰琐记》《点石斋画报》等杂志。广学会在印刷出版书籍的同时，还印刷出版有《万国公报》和《中西教会报》等杂志。他们或把报刊上的文章作为单线本单独印刷出版，如《中东战纪本末》就曾取得了很好的经济收益；或在自己的报刊上为自己的书籍做广告，以扩大发行量，如《申报》就曾大量刊登过其馆出版的书籍。

3. 书业为主，多业经营

教会印刷出版机构，除经营书刊外，还经营相关行业。例如，别发印书馆是传教士 1870 年在上海开设的印刷出版机构，主要经营西文书籍的印刷出版，同时还出售进口图书、文具、纸张、印刷器材等，也出口图书、文具，销往欧美各国。它先后在黄浦滩路汇丰银行隔壁及南京路 22 号等处营业。它发售的主要是英文教学用书、外语工具书及学校用品，其营业对象多为外国人。后来，它还开展邮购业务，每年夏季在外国人较为集中的避暑胜地莫干山、庐山、北戴河等处设立临时分销处。傅兰雅自办的格致书室以销售中文科技书刊为主，也兼售一些其他书籍，是近代中国最早的科技书店。格致书室除出售书刊外，还出售理化仪器、照相器材、铅字铜模及印书机器等。

4. 广设分销处，扩大发行

除上面所说的别发印书馆在风景区设立分销处外，格致书室先后在天津、汉口、汕头、北京、福州、中国香港、沈阳、烟台、厦门等地设立分销处。1888 年，通过分销处售出的图书达 15 万册，书款增至 17 000 多元。点石斋石印局在北京、杭州、重庆、苏州、汉口等地设立 20 处批销分店。广学会从 1892 年起就着手在全国各地设立售书机构，到 1899 年已建有辽阳、沈阳、牛庄、北京、天津、济南等共 35 个经销处。

5. 印刷、出版、发行三位一体

例如，美华书馆除了上面所谈的出版印刷外，也从事书刊的代办发行业务，广学会前期的书刊主要依赖于美华书馆。美华书馆的书刊发行量很大，单是 1893 年，它在北京路 18 号的书店就售出图书 159 970 册，各种小册子 237 912 本。

2.5.3 企业管理与人才培养

教会印刷出版机构不仅为近代中国印刷出版业提供了可资借鉴的企业管理

模式，还培养了一些掌握先进技术和经营管理知识的印刷出版人才。

例如，美华书馆运用印刷、编辑出版、发行“三位一体”的组织形式，就被后来的商务印书馆、文明书局、中国图书公司、中华书局等所采用，甚至印刷所、编辑所、发行所等名称也被照搬过来。广学会设店分销的销售方式、书刊结合的经营模式，也为晚清民营印刷出版企业所效仿。

一些传教士本身就是印刷出版工学徒出身，不仅具有较强的商业经营意识，还擅长企业管理。例如，麦都思不仅具有较强的商业经营意识，也是擅长企业管理的代表人物。麦都思 1796 年出生于英国伦敦，14 岁时成为一名印刷工学徒。他于 1816 年 9 月离开英国前往东方，并于 1817 年 6 月到达马六甲。在马六甲，他成为米怜的主要助手，并由此开始了在南洋一带的传教印刷出版活动。1823 年，麦都思在巴达维亚建立了印刷所，这个印刷所与马六甲印刷所、新加坡印刷所一起成为传教士在南洋的三大印刷出版基地。1842 年后，麦都思也开始把活动重点从南洋向中国大陆沿海转移，先后到达中国香港、舟山等地。在他的领导下，巴达维亚印刷所取得过令人瞩目的成就，而当巴达维亚印刷所于 1843 年迁往上海成立墨海书馆后，墨海书馆已经成为当时经营最为成功的教会印刷出版机构。

> 墨海书馆虽是一家不以营利为宗旨的传教印刷所，但是在能干的麦都思经营下，才建立不久却已有了相当可观的利润……有办法让墨海书馆具备如此快速丰厚的获利能力，当然也强化了麦都思在管理和主导上的权威性。

麦都思在经营墨海书馆时就非常重视开源节流。当初到中国的传教士伟烈亚力❶（Alexander Wylie，1815—1887）要求涨工资时，麦都思以不符合传教会的规定为由，委婉拒绝。此举差点导致伟烈亚力辞职，而麦都思借由伟烈亚力未婚妻自南非赴华的机会，为其提高了薪酬（但远未达到此前伟烈亚力的预期），化解了伟烈亚力的不满。

此外，教会印刷出版机构也培养了许多掌握新式印刷出版技术和企业管理经营的人才。一方面，传教士和教会大量印刷出版实践为社会提供了一个新的就业门路，也培养了大量熟悉和掌握近代印刷出版技术的从业人员。这为新型印刷出版业的形成提供了最基本的、合适的人力资源；另一方面，教会印刷出版机构为中国近代印刷出版业培养了技术骨干和行业先行者。例如，王韬早年受聘于墨海书馆，是墨海书馆第一位中国编辑，从事编译西学书籍工作达 13 年之久。王韬于 1849 年到墨海书馆任职，主要做润色文辞的工作。1853 年，他开始协助传教士艾约瑟翻译《格致西学提要》。王韬在中国香港避难时，参与了伦敦教会香港差会牧师理雅各主持的翻译《五经》(《中国经典》) 中《尚书》的工作。《中国经典》自 1861 年开始出版，至 1886 年出版完毕。1864 年，他又协助翻译了《毛诗》，1867 年，理雅各又聘王韬到英国翻译《春秋左氏传》。因有在墨海书馆 13 年的工作经历，王韬才能于 1873 年在中国香港创立中华印务总局、主办《循环日报》，1885 年在上海设立韬园书局。

---

❶ 伟烈亚力，英国汉学家，伦敦传道会传教士。1846 年来华致力传道、传播西学，并向西方介绍中国文化。1847 年，到沪，协助管理墨海书馆，为伦敦布道会印刷《圣经》。在墨海书馆内，伟烈亚力与中国学者李善兰、华蘅芳、徐寿、徐建寅等人积极合作，翻译了大量西方科学著作。1867 年，江南制造局翻译馆成立，伟烈亚力积极参与了翻译馆的译书工作。1864 年，麦都思等创立格致书院，伟烈亚力被推选为四位西人董事之一，1874 年，又被推举开具科学书目，实为格致书院实际负责人之一。1877 年返回伦敦定居。一生著述甚丰，有关中国的著作有《满蒙语文典》《中国文献纪略》《匈奴中国交涉史》等。

美华书馆，当它以花华圣经书房之名在宁波开展活动时，就创办了教会学校，借此培养印刷出版人才，后来迁往上海，以美华书馆之名开展业务时，更是注重培养印刷出版人才。

土山湾印书馆则培养了邱子昂、顾掌全和许康德等三位早期的华人印刷专家。邱子昂后来受聘主持晚清著名石印书局点石斋的印刷出版工作，顾掌全则进入中国图书公司主持摄制铜锌版；许康德于 1908 年进入商务印书馆，负责教科书的照相制版工作。

商务印书馆的几位创办人，鲍咸昌、鲍咸恩、夏瑞芳、高凤池都曾就读于上海清心书院，均是教会印刷出版机构出身，印刷是其学业之一。夏瑞芳、鲍咸恩从清心书院毕业后进入捷报馆做排字工，高凤池、鲍咸昌毕业后则进入美华书馆从事印刷工作。正是有了这一早期的印刷从业历练，他们才有了创办商务印书馆的基础和条件。

从企业经营的角度看，教会印刷出版机构培养出的掌握新式印刷技术的中国人，由于薪资远远低于传教士及其雇佣的来华外国印工，因而也为教会印刷出版机构带来了较大的盈利空间和拓展机会。

2.6　教会印刷出版机构的出书取向

1842 年以前，由于教会主要在广州、中国澳门及南洋一带进行传教活动，其最主要的印刷出版基地是在马六甲、巴达维亚和新加坡。据伟烈亚力《基督教在华传教士回忆录》一书所载目录，1842 年以前教会印刷出版的中文图书共

133 种。其中，宗教内容的图书有 106 种，约占 80%;其他内容的图书，如道德、历史、地理、经济等有 27 种，约占 20%。

1842 年以后，传教士和教会的活动范围由南洋转移到了中国香港、广州、上海等地。随着活动范围发生了变化，教会印刷出版机构的出书方向也发生了变化。

除石印翻印中国古籍外，教会印刷出版机构印刷出版的书籍大部分仍然是宗教类的，但所占比例有所下降，约占 76%。在非宗教类图书中，自然科学类图书又是比例最多的。1895 年以后，宗教类书籍大大减少，自然科学类书籍的比例明显增长。

例如，1844—1860 年，墨海书馆共印刷出版各类书刊 171 种，其中基督教义、教史、教诗、教礼等宗教类书刊有 138 种，占总数的 80.7%;而数学、物理、天文、地理、历史等自然科学类书刊有 33 种，占总数的 19.3%。

美华书馆是一个集印刷、出版、发行为一体的教会印刷出版机构。其印刷业务尤为突出，为所有在中国的传教团体印刷书籍。美华书馆印刷出版的书籍主要为《圣经》和宗教书刊及供教会用的教科书。此外，它还印刷出版了几十种自然科学类书籍。其中，1879 年的《英字指南》为中国近代最早的英语读本，1886 年的《万国药方》是中国最早介绍西洋医药的译本，其他的还有《格物理学》《代形合参》《八线备旨》《心算启蒙》《五大洲图说》和《地理略说》等。

益智书会成立于 1877 年，其经费上得到了社会各界的支持。美国监理会差会、伦敦圣教书局、英国商人汉壁理以及中国洋务派官员等总共捐款 4809.58 两白银，占益智书会总收入的 51%。益智书会成立后主要开展的工作有编辑出版学校教科书；建立统一的译名；在《教务杂志》上开辟专栏，讨论教育问题。

益智书会的出版活动分为自己出版图书和审定图书。从 1877 年成立到 1890 年，益智书会共出版书籍 50 种，74 册；审定书籍 48 种，115 册。益智书会出版和审定的图书分为算学、科学、历史、地理、宗教、读本六类。最多的是科学类图书，共有 45 种，占总数的 46%；其次是宗教类图书，共 20 种，占总数的 20%。宗教类图书占有一定的比例，主要是因为益智书会委员之一的韦廉臣积极热衷此事。益智书会出版的宗教图书几乎都是由韦廉臣及其夫人所编撰。而科学类图书能够占到近一半的比例，则主要是因为傅兰雅的原因。傅兰雅从 1879 年起任益智书会总编辑，全心致力于科技类图书的编译，共有 42 种图书被益智书会出版和认定。益智书会的科技类图书几乎全部是由傅兰雅编撰的，比例高达 93%。益智书会所出版的教科书中最有影响的也是科技类图书，其中最有代表性的是由傅兰雅编写的《格致须知》和《格物图说》两套丛书。《格致须知》计划出版 10 集，每集 8 种，共 80 种。到 1890 年，实际出版了自然科学 3 集，其他几集后来只出版了一部分。《格致须知》各册篇幅都不长，仅一万多字，每册定价 6 分到 1 角不等，8 册合成一集的售价是 5 角。《格物图说》是教学挂图的配套读物，到 1890 年共出版 29 种，包括天文地理图、百鸟图、百兽图、百鱼图、光学图、电学图等。

在教会印刷出版机构中，出书量最大的当推广学会。广学会原名同文书会，于 1887 年 11 月成立，英文名称为 *The Society for the Diffusion of Christian and General Knowledge Among the Chinese*。从《广学会年报》来看，广学会开始有印刷部门，后因经营亏损而于 1890 年 10 月 31 日停业。从此，广学会专门经营出版发行业务，主要负责翻译、编撰、出版书刊，自创办至结束的 60 多年间，共出版了包括神道、哲学、法律、政治、教育、实业、天文、地理、博物、理化等类书籍2000多种。广学会每年的出书量没有明确记载，据中国台湾学者王树槐估计，1887—1900年，广学会共出版书籍约176种；至1911年，共出版书籍461种。在这些书籍中，纯宗教类书籍约138种，占总数的29.93%；非宗教类书籍约238种，占总数的51.63%；既有宗教内容也有非宗教内容的书籍约85种，占总数的18.44%。据此推算，广学会1891—1911年，共出书285种，每年平均出书约14种。当然，每年的差异是有的，特别是1895年以后，出书较多。这些书，有些是重印的，有些是从往年《万国公报》和《中西教会报》中抽印的单线本，新出的书有30本。并且有数据表明，在1895年以前，广学会出版的书籍主要是宗教类的。这种状况在1895年以后有很大改变，在1898年出版的53种书籍中，宗教类有16种，只占30.19%，而其他史地、科技类书籍有37种，共占69.81%。

2.7 小结

约翰内斯·古登堡发明的活字印刷在16世纪欧洲的宗教改革运动中发挥了独特的作用。马丁·路德就是靠大量印刷《圣经》打破了罗马天主教会对宗教的垄断，成功进行了宗教改革。对晚清来华传教士来说，印刷也是宗教宣传必不可少的一种手段。

因中文印刷出版的需要，在实践中早期传教士解决了中文活字印刷的关键技术——中文金属活字制造。研制的成果，最初也主要是在传教士的印刷出版活动中得到实际运用。经过不断改进与完善，传教士基本上解决了中文活字制造的问题，同时还发明了快捷、实用的中文排版检字方法，为中文印刷使用西方近代活字印刷解决了最基本、最关键的技术问题，形成了较为成熟的中文活字印刷技术。在这个过程中起突出作用的是戴尔和姜别利。戴尔从接触中文开始到最后去世，历时 17 年，他把毕生精力都献给了中文活字印刷。姜别利是学印刷出身的传教士。他虽然在华时间不长，但由于他的贡献，中文活字印刷技术才得以基本形成。传教士主要是需要印刷中英文字典、《圣经》及各种宗教宣传品，后来又有大量传教士自己的著作、通讯、各种教科书及试卷等需要印刷出版。

教会为了传教的需要不得不自己创办印刷出版机构。在这种情况下，可以说传教士走到哪里，他们就把印刷出版机构办到哪里。教会创办印刷出版机构是不拘形式的。有的是依托布道站，如马六甲印刷所、墨海书馆等；有的则是比较单一的机构，如美华书馆、福州卫理公会书馆等；大多数是设在教会办的教育机构、慈善机构和卫生医疗机构里，严格来说并不是一个单纯独立的印刷出版机构。例如，创立于 1880 年的汕头英国长老会书馆就设在教会的男子寄宿学校内，只有 3 间房、5 名固定的工人。

晚清，由于印刷出版是传教急需的工具，因此西方教会因地制宜创办了许多印刷出版机构。这些教会印刷出版机构不仅数量多，而且分布广。特别是在光绪以后，随着传教范围的不断扩大，传教士足迹所到之处几乎都留下了他们创办的印刷出版机构。例如，东北有 1881 年成立的牛庄哥伦比亚小书馆；东南除福建有多个印刷机构外，还有 1884 年创办的台南英国长老会书馆；最南端有 1890 年创立的海南岛长老会书馆；最西边则有 1905 年设立的喀什福音堂印书馆。这些教会印刷出版机构在经营上比较实际，有的采取的就是企业经营模式。由于经营稳定，这些印刷出版机构一般存续时间较长。

因此，晚清西方教会印刷出版机构研制中文活字和开展铅印、石印活动的过程，也是西方现代印刷出版技术在华传播的过程，这对中国近代印刷出版业的发展产生了重要影响。西方印刷技术首先带来的是对中国传统书籍形态的冲击。新的印刷出版方式从技术和形式上改变了中国自宋代延续至明清的书籍形态。虽然最初的铅印和石印的书刊很多依然模仿了木刻印刷的形式，但随着时间的推移，这种改变越来越显著：版面设计趋于简化，更加接近于现代的样式。铅字排版技术的实施使得传统木刻印刷版面的天头地脚有所减小，原来木版雕刻的鱼尾、象鼻及版框栏线被机械印刷的边框替代，版面上标出的页码取代了传统的页数。书刊的封面更具现代书的特点，不但书名、字号、字体模仿西式更加显眼，有的还出现了宣传性内容（如杂志、报纸等）。教会进行中文印刷出版技术改进的目的是便于传教。随着西方科学、语言和宗教等内容的传入，中文页面排版的样式也发生了根本性改变，中文原有的从右至左竖向排列的方式变为西方文字和符号的自左向右横向排列，这一变化最终带来的是中国人阅读习惯的改变。

随着西学东渐，西方宗教和科技等知识传播越来越受到社会的关注。传统的刻版印刷技术无法适应新知识大量和快速传播的需要，一批近代新式印刷出版机构应运而生，并且遍布全国各地。知名的教会印刷出版机构有美华书馆、墨海书馆、广学会等。教会印刷出版无意中推动了晚清传统印刷出版业近代化的进程。以广学会为例，它秉持着以西国之学广中国之学、以西国之新学广中国之旧学的宗旨，印刷出版了大量传播西学、鼓励新政的刊物和书籍，比如《万国公报》《大同报》《通问报》《通学报》等。广学会 1897—1911 年出书情况见表 2-2。

表 2-2　广学会 1897—1911 年出书统计

年份	出版书籍		年份	出版书籍	
	种数	册数		种数	册数
1896	22	62 000	1905	11	31 000
1898	46	177 400	1906	13	38 500
1899	39	124 960	1907	14	20 700
1900	22	114 500	1908	12	26 000
1901	21	40 500	1909	17	23 930
1902	27	63 346	1910	51	74 000
1903	75	202 300	1911	26	30 000
1904	65	139 300	合计	461	1 168 436

资料来源：叶再生 . 中国近现代出版通史（第一卷），445.

从表 2-2 可以看出，广学会在 1897—1911 年，共印刷出版书籍 461 种，116 万余册。广学会出书数量之多，是其他教会印刷出版机构望尘莫及的。关于广学会一共出版过多少种书籍，目前尚无确切统计。曾担任过广学会总干事的江文汉先生估计，自创办以来，广学会总共出版过 2000 多种书刊和图片。它的功绩在晚清印刷出版史上也是值得肯定的。

此外，广学会还极其注重版权，努力传播并践行西方国家的版权观。1896 年，出现在《万国公报》上的广学会“书籍告白”，它的正上方都会加排一行大字，即“考试时务场中必备书翻刻必究”。此外，广学会还利用《万国公报》介绍西方的版权制度，促进了版权制度在中国的建立。

墨海书馆是上海第一家使用铅印设备印刷出版的教会印刷出版机构。墨海书馆采用铅字活字和新式的滚筒印刷机，实现了机械化印刷，速度远远超过传统的木刻印刷，一天就可以印 5000 印张，每印张包括 10 个中国页（线装书中双面合成的一页），一台印刷机一天可印 50 000 个双面页。其最初半年的印刷量便轻而易举地超越从前手工机器的全年产量，达到 338 万余页，这引起了当时人们的极大关注。晚清学者王韬曾前往参观，见到的是：

> 车床以牛曳之，车床旋转如飞，云翌日可印数千番诚巧而捷矣，书楼俱以玻璃作窗牖，光明无纤翳，洵属琉璃世界。字架东西排列，位置悉依字典，不容紊乱丝毫。

墨海书馆的印刷出版业务于 1863 年终结，由宁波搬迁而来的美华书馆因印刷设备更为先进、活字更为齐全而一跃成为当时上海规模最大、最先进的印刷出版机构。

教会印刷出版机构采用的机器印刷彻底改变了中国自唐宋雕版印刷术发明后 1000 多年来手工操作的印刷出版生产模式，使印刷出版的大规模和快速出版成为可能。这时教会印刷出版机构的生产管理更为规范，一些书馆设立了中英文排字部、铸版部、印刷部、装订部、仓库等部门。而在这些教会印刷出版机构中出现的广泛吸纳社会资金、有专职从事出版活动的编辑、组建和管理印刷出版机构的方式不再单一，以及大规模产销活动等印刷出版活动，标志着中国传统印刷出版业向近代的转型。

随着印刷技术的推广和科举制度被废除，社会对西学的渴求迅速体现在对西学书籍的需求上。在墨海、美华等教会印刷出版机构构筑的现代印刷出版土壤中，中华书局、商务印书馆等近代民族印刷出版机构纷纷成立。

总之，晚清西方教会的印刷出版活动在注重商业化发展的同时，也把西方现代印刷出版技术传入了中国，从而引发了晚清印刷出版业一系列显著的变化。晚清，传教士和教会的在华印刷出版活动，也是中西文化交流史和中国近代印刷出版史的重要组成部分。对晚清印刷出版业本身而言，其直接的影响主要在于它促成了晚清印刷出版业从传统向现代的转型，以及与之密切相关的商业经营意识的确立。

第 3 章　晚清官办印刷出版活动

雕版印刷术发明前，历朝历代都设有修书和藏书机构。虽然还不能确切地说是印刷出版机构，但这些机构确实履行了修史和整理出版典籍的职责。例如，汉代宫内藏书之处称“兰台”，兼有修史和整理典籍的职能。修成史书和整理后的典籍靠手工抄写复制，复制人员已有相当规模，据《唐书·职官制》记载：唐代政府设专门抄书机构。秘书省有正字（校对）4 人，楷书手 80 人。弘文馆有令史 2 人，楷书手 30 人，拓书手（摹拓古书画）3 人，熟纸装潢匠 9 人。集贤院有直书及写御书人 100 人，拓书手 6 人，画匠 8 人，装书直 14 人。史馆有楷书手 25 人，装潢匠 1 人，熟纸匠 6 人。

雕版印刷术发明后，主要用于刊印各种书籍，为出版服务，因此印刷业从属于出版业，一般以出版机构命名。由中央与地方两级政府出面组建的官办印刷出版机构财力充裕，实力强大，附设的刻印工场都具一定规模。

清代中央印刷出版机构逐步趋向统一集中，改变了明代由司礼监经管、各部院分刻的做法，而在皇室内府武英殿设修书处集中统一管理。清代官刻初期为了扩大刻印能力，有些刻版先存扬州、苏州等地刻好，然后送武英殿，乾隆时才全部在武英殿刻印书籍，并使用木活字排印书籍。清代除武英殿外，还有扬州书局负责校勘刻印古籍工作，两处所刻各书缮写工致、印刷端庄雅丽，有的还用细薄洁白的开花纸精印，尽善尽美，堪称佳品。清代官刻书籍，不但数量多，而且质量好，有的书籍为五色套印，初版书由内府武英殿一手包办。皇家刻书处武英殿，无论其规模、经背管理、工艺标准、操作规程还是质量保障都具相当水平，特别是在推广活字印刷方面，在活字印刷史上有一定贡献。

在清代以前历朝历代和清朝前期的基础上，晚清官办印刷出版机构发展得非常完善。晚清官办印刷出版机构包括武英殿、各官书局和官办书院等，以及晚清政府中央各部与各省创办的官报。晚清官办印刷出版活动虽然意在巩固晚清政府的封建统治，但同时也起到了传播新知、开启民智的作用，客观上成为推进社会进步的重要力量。

晚清官办印刷出版活动，无论是从印刷出版物的数量与类型上，还是从印刷出版体系的完善程度，以及出版物的传播范围上看，都是之前其他历史时期无法比拟的。

3.1　武英殿刻书

武英殿是清代存在时间最长的官办印刷出版机构。清代官刻书基本集中于武英殿修书处，并且在数量、质量、内容和形式上都是清代官刻书的代表。

清代皇家刻书是在明代官刻的基础上发展起来的，主要由内务府领导，并由内务府出资，称为“内府刻书”。因内府刻书以武英殿为刻书中心，所刻书籍统称“武英殿刻本”，简称“殿本”。殿本作为清代各朝皇帝统治天下的思想工具和专用书籍，独享政治、经济特权，仰仗封建国家的强大财力，经济实力雄厚，得以招聘数以千计的文人、工匠，获得源源不断的上乘物资供应，这些都是私刻与坊刻所不可企及的。清代虽然还有地方官刻和晚清各省官书局所刻版本，但武英殿修书处在清代书籍版本中一直占有重要地位。清雍正七年，武英殿刻本《大义觉迷录》见图 3-1。

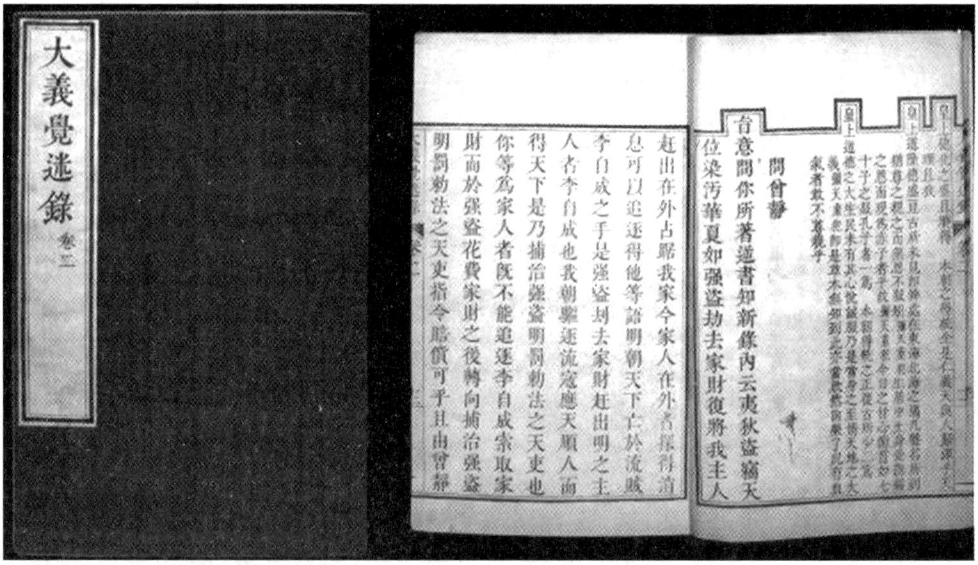

图 3-1　清雍正七年武英殿刻本《大义觉迷录》

清代官刻最早始于入关之前。顺治三年（1646）修成《大清律》,同年刊板，次年颁行全国，刻书地点仍在明朝刻书处“经厂”，利用原有工匠承办。因此，此时内府刻书在字体版式等方面与明经厂本大同小异。康熙十二年（1673）敕廷臣利用前“经厂”《文献通考》及《性理大全》旧书版在武英殿修补、整理后刷印行世，两书卷前均冠有圣祖御制序。据《清宫述闻》记载：

康熙十九年始以武英殿内左右廊房，共六十二楹，焉修书处，掌刊印、装璜书籍之事。

另据咸丰二年（1852）《钦定总管内务府现行则例》中“武英殿修书处”条下记载：

康熙十九年十一月，奉旨设立修书处，由内务府王大臣把其成，下设兼管司员二人，以内务府官员兼任。下又设正监造员外郎一人，副监造、副内管领一人，委署主事一人。库掌三人，委署库掌六人。设有书作、刷印作。书作司界划、托裱等职，刷印作管理写样、刊刻、刷印、摺配、装订等职。有拜唐阿 19 名，委署领催四名。另设匠役若干，分别为书匠、界划匠、平书匠等，共 84 人，分办各作之事。

由此可知，康熙十九年（1680）武英殿修书处已正式成为清代宫廷专门修书机构。

武英殿位于西华门内，熙和门西，“殿厂五楹，丹墀东西阶九极。其东配殿曰凝道，西配殿曰焕章，后殿称敬思。殿之东北为恒寿斋，西北为浴德堂”。清代官刻书籍几乎全部集中于此。但也有地方政府受皇帝之命刊刻书籍的，如康熙四十六年（1707）两淮监政曹寅奉敕刊印的《全唐诗》等书，也被列入内府本。

清代，以武英殿为代表的官方印刷出版盛行，逐步形成了从中央到地方的出版印书网。武英殿修书处聚集了全国博学之士专门负责编纂和校勘，也汇聚了刻、印、装的各种能工巧匠，最多时人员达1000人以上。清代前期，康熙、雍正、乾隆三朝是武英殿刊印书籍最昌盛时期，出书品种非常多，校阅、刻印之精，超过历史上的任何时代。晚清时期，在道光、咸丰、同治三朝，武英殿逐渐走向衰败。尤其是光绪朝设立了图书编译局等机构,武英殿修书名存实亡。但在晚清，武英殿仍然是重要的官办中央印刷出版机构。

乾隆末至嘉庆，政府腐败，土地兼并严重，各地农民起义爆发，战乱不断，加之鸦片输入、白银外流，清政府财政来源濒于枯竭，凭府库开支得以发展的武英殿刻书业从此走向没落。工料来源不足，工匠艺人不断削减，经费缺乏，再加上受西方先进铅印技术的冲击，以雕版印刷为主要特征的殿本走向衰落不可避免。

但因此时国内阶级矛盾让位于民族矛盾，延续几百年的“文字狱”的结束，使清朝以前不少学术著作、前清学者文人论著及乾熹学派文章得以突破限制，被刊刻出来，流传于世。嘉庆朝还印有一些“钦定”书籍，并用木活字排印了一些书，共8种，款式与乾隆印本有所不同，世称为“聚珍本单行本”。但嘉庆时期的殿本如《八旗通志》《熙朝雅颂集》等与扬州诗局的《全唐诗》相比，无论在字体、纸墨、勘校质量等方面都劣于前朝。

熹庆以后，封建社会各种矛盾相互交织并激化，生产关系严重阻碍生产力的发展。据载，道光、咸丰、同治三朝所刻殿本共15种981卷，分别只占清殿本总数的2.9%和1.85%。

道光、咸丰时期，武英殿刻书走向衰败。道光帝在位 30 年，共刻书 12 种 952 卷，其中重印了《康熙字典》《二十四史》等数种。咸丰帝在位 11 年，武英殿刻书基本停止，只刻印了 2 种 19 卷。

同治八年（1869），一场火灾将武英殿内存康熙末年珍藏 200 年的殿本及各种雕版焚烧一空。后虽重修武英殿，但内务府基本上停止在武英殿内雕版刻书。到宣统时武英殿刻书已失去其现实意义，修书处名存实亡，随着 1911 年宣统下台，殿本历史从此结束。这个时期不仅殿本刊刻数量减少，而且字体为清一色较呆板的宋体字，纸张为质粗价廉的粉连纸、开花榜纸、棉连纸，校刊也趋于敷衍，装帧也不够精美，只有道光年间活字印本《道光御选唐诗全函》较为精雅。

武英殿刻书曾在光绪时有过“中兴”。光绪政府采取各种革新变法措施以应对半殖民地半封建社会中的种种危机，使当时刻印殿本达 22 种 15 003 卷，分别为嘉庆、道光、咸丰、同治四朝总数的 50% 和 28.5%；还采用铅印术刻印了《五代圣训》，石印了《钦定书绘图说》。但在西方在华教会印刷出版机构先进印刷出版技术的冲击下，武英殿刻书在财力、人力等方面都显得不足。因此，光绪时期武英殿刻书“中兴”也仅仅是一种表象。

晚清殿本的流向，通常有颁发、赏赐、翻刻与售卖等多种方式。晚清政府也很重视图书的发行。书籍编印完成后，除宫中留存和赏赐外，通常印行 300 部通行本，最多的时候印行达到上千部，并通过售卖等方式，鼓励各书坊或个人翻印。由于晚清政府有意扩大殿本的影响，允许售卖殿本的通行本、赏赐或备用的余书。虽然晚清政府售殿版书的目的是为了政治教化，仍可从中窥见其印刷出版活动背后的市场含义。

3.2 官书局的印刷出版活动

晚清官书局，指同光时期由胡林翼、曾国藩、左宗棠、李鸿章等同治中兴名臣开其端，诸省督抚大吏倡其行或承其绪，职业经理人（提调）和校勘专家（总纂和分校者）、刻工落其实，自下而上并受到清廷认可或饬办的官办印刷出版机构。它主要包括官书局和译书官局两类机构。晚清官书局的出现既是为了刻书，同时也推动了印刷出版业的发展。

3.2.1 官书局刻书

官书局在晚清的发展经历了两大时期：一是镇压太平天国运动时期；二是甲午战争后，清末新政时期。

晚清官书局出现的原因是多方面的：首先，它直接源于太平天国对儒家传统文化实施的毁灭性政策，以文化策反方式来对抗封建正统思想。太平天国运动对传统书籍“一概焚毁”，一度出现“敢将孔孟横称妖，经史文章尽日烧”的局面，并对传统文化采取一概否定的极端态度。“搜得藏书论担挑，行过厕溷随手抛，抛之不及以火烧，烧之不及以水浇。读者斩，收者斩，买者卖者一同斩。”面对此种危机，曾国藩、左宗棠、李鸿章、胡林翼等一批督抚大员转而考虑建立官书局。

其次，是对清代官方刻书的回应，是清代前期地方官员刻书传统的延续。清朝前期，毕沅、胡克家、阮元等一批学者型地方督抚在整理、刊刻古代典籍方面做了许多工作，也赢得了广泛的社会赞誉。这对晚清地方官员产生了良好的影响，他们在自己的权力范围内起而仿效。这是晚清官书局出现的间接原因。

再次，是对西学东渐的回应。晚清，西方列强用坚船利炮打开中国闭关自守的大门。鸦片战争之后，西学也随之涌入中国。“在西学东渐的时代背景下，如何对咄咄逼人的西方文化作出回应，也成为近代中国知识分子必须回答的一个问题。”在此时代背景下，刊刻中国古代典籍、加以重新阐释成为他们不约而同的选择。“所冀吾党振而兴之，征诸古训，求之微言，贯经术、政事、文章于一，则救世弊而维圣教在是矣。”

最后，从自行设局到奉旨设局，这是官书局发展壮大并出现短暂繁荣的推动力。前期，官书局的创办与晚清政府毫无关系，完全是曾国藩等地方督抚大员的自发行为。此时，官书局不仅没有常设机构和书局名称，而且范围窄，编校人员仅是幕僚或学者，没有形成规范体系，刻书有限，主要刊刻经史典籍。例如，胡林翼主要刊刻了《读史兵略》(见图 3-2)、《弟子箴言》(见图 3-3)、《水经注图》等有限几部书。与前期刊刻经史典籍不同，后期官书局开始以编译西方书籍为主，“将东西文政学新理有用之书广为购备，斟酌极要次要，分饬各省克期翻译刊印”。晚清政府也逐渐认识到必须引进西学，“师夷长技以制夷”，故而演变为奉旨设局。

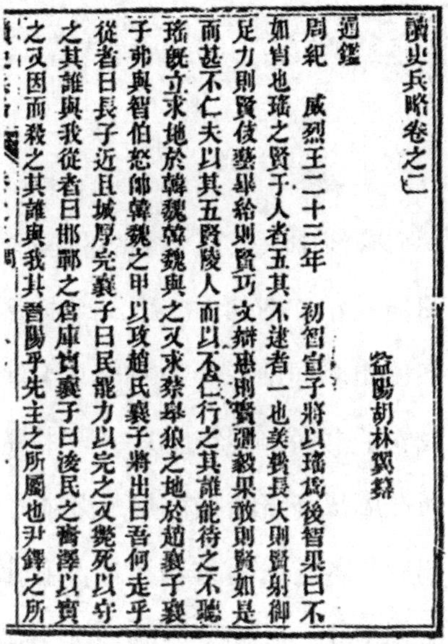
讀史兵略卷之二
益陽胡林翼輯
通鑑
周紀　威烈王二十三年　初智宣子將以瑤爲後智果曰不
如宵也瑤之賢于人者五其不逮者一也美鬢長大則賢射御
足力則賢伎藝畢給則賢巧文辯惠則賢彊毅果敢則賢如是
而甚不仁夫以其五賢陵人而以不仁行之其誰能待之不聽
瑤旣立求地於韓魏韓魏與之又求蔡皋狼之地於趙襄子襄
子弗與智伯怒帥韓魏之甲以攻趙氏襄子將出曰吾何走乎
從者曰長子近且城厚完襄子曰民罷力以完之又斃死以守
之其誰與我從者曰邯鄲之倉庫實襄子曰浚民之膏澤以實
之又因而殺之其誰與我其晉陽乎先主之所屬也尹鐸之所

图 3-2　胡林翼刊刻的《读史兵略》

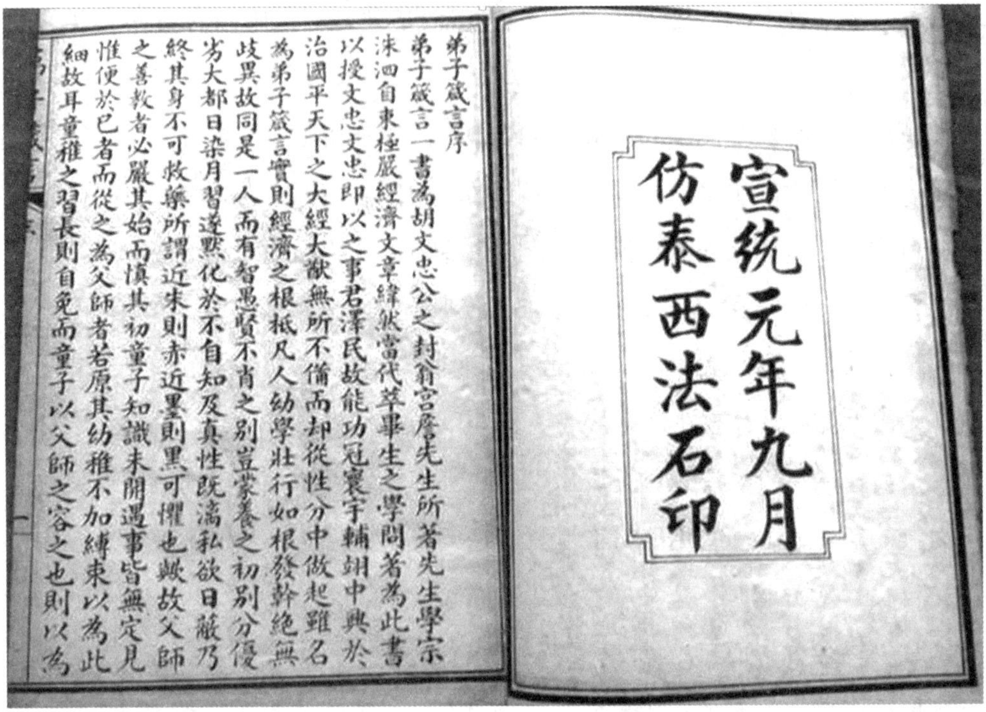

弟子箴言序
弟子箴言一書為胡文忠公之封翁宮詹先生所著先生學宗
洙泗自東極嚴經濟文章緯然當代萃畢生之學問著為此書
以授文忠文忠即以之事君澤民故能功冠寰宇輔翊中興於
治國平天下之大經大猷無所不備而卻從性分中做起雖名
為弟子箴言實則經濟之根柢凡人幼學壯行如根發幹絕無
歧異故同是一人而有智愚賢不肖之別豈蒙養之初別分優
劣大都日染月習遂默化於不自知及真性既漓私欲日蔽乃
終其身不可救藥所謂近朱則赤近墨則黑可懼也歟故父師
之善教者必嚴其始而慎其初童子知識未開遇事皆無定見
惟便於已者而從之為父師者若原其幼稚不加縛束以為此
細故耳童稚之習長則自免而童子以父師之容之也則以為

宣统元年九月
仿泰西法石印

图 3-3　胡林翼刊刻的《弟子箴言》

晚清中兴名臣、湖北巡抚胡林翼于咸丰九年（1859）在武昌最早开设官书局。同治三年（1864）2 月，闽浙总督兼浙江巡抚左宗棠在宁波设立官书局，后迁至杭州。同治三年（1864）4 月，两江总督曾国藩在镇压太平天国后，在安庆成立了书局；同年 9 月，因书局迁至金陵，称“金陵书局”。同治四年（1865），浙江巡抚马新贻在杭州开办浙江书局。次年，左宗棠又在福州创办正谊堂书局。此后，各省纷纷效仿，江苏官书局、崇文官书局、江西书局、广雅官书局、淮南官书局、四川官书局、安徽敷文书局、山西官书局、山东官书局、福建官书局、云南官书局、湖南官书局、贵州官书局等相继成立，几乎每个省都成立了此类官书局。光绪二十二年（1896），康有为、文廷式等人创办的维新派政治团体“强学会”经御史胡孚宸提议被改为官书局，隶属总理衙门，出版各国关于律例、公法、商务、农务、制造、测算及武备、工程图书。至此，晚清政府从中央到地方都建立了官书局出版机构。

晚清官书局是地方官刻机构，其刻书数量相当可观。例如，金陵书局刻书 65 种，江苏书局刻书 206 种，淮南书局刻书 60 种，崇文书局刻书 320 余种，广雅书局刻书 180 种，味经书局刻书 81 种，江西书局刻书 172 种。

官书局具有私刻和坊刻无法比拟的人力、物力、财力等优势。

（1）择辟专地。例如，金陵官书局建于飞霞阁，崇文书局建于正觉寺。

（2）捐措巨资。例如，光绪十三年（1887）广雅书局成立时，两广总督张之洞捐银一万两，广东巡抚吴大澂捐银三千两，并“檄饬两广盐运司综理局事”。

（3）邀请名士担任各书局的编纂、校勘等职。

晚清官书局刊刻的书籍常被称为“局本”。其刻书集校勘、刻书、印制、销售发行于一体，有着明确的底本选取和刊刻思想、出版原则或宗旨，固定的校勘人员和刻工，相对稳定的经费筹集渠道和销售渠道。例如，同治三年（1864）4 月，两江总督曾国藩在安庆设立书局，定刊书章程，并延请汪士铎、莫友芝、刘毓裕、张文虎、李善兰等分任校勘。

官书局刻书有其鲜明的刊刻思想，即在国门洞开、西学涌入和太平天国实施文化毁灭政策之后，重新恢复封建正统思想的一统天下，正人心，端民风，以振文教。因此，其刻书不以营利为目的，而以流通为本。

各省官书局由于主持人的水平不同，选用底本取舍不一，校勘有精有劣，出版质量有高有低，经营方法也不尽相同。其发行渠道多样，经营策略灵活，加上质优价廉，局本的发行完全找到了与需求市场的契合点。

以广泛流通为目标，以强大的人力、物力、财力作为后盾，同时又有优秀刻工的技术保障和官方的大力扶持，这些为局本在发行上的成功奠定了坚实的基础。

官书局重视发行，发行的渠道多样化。其官方发行途径有进呈、咨调、颁送等；非官方发行途径主要是销售，包括书局自售、寄售、书肆代售和批发等。

进呈的对象主要是中央机关和御览。官书局每书刻成，即上缴翰林院、国子监二处，以后又增加曲阜孔府一处。例如，光绪二十七年（1901），礼部以变通科举为由，“开单咨取江南、浙江、湖北、两广各督抚，查照现已译成之书，有关乡会试闱中备查者，择要开单，一并咨送到部”。咨调主要在各地官府和各官书局之间进行。例如，1871 年，江南盐道孙衣言以“江宁士子寒，多难于得书”，请于总督曾国藩，调取金陵、聚珍、江苏、浙江、湖北五书局新刊经籍每种四部，收藏于惜阴书院，“凡本籍士子得诣书院借读，事领于官而簿钥、出纳则绅士掌之”。颁送的对象则主要是各官书局所在地的书院和学校等。

局本除了进呈、咨调、颁发等官方发行渠道外，更多的是用来销售。大多数官书局有自己的发行部门即售书处，可以进行自售或寄售。例如，山东书局是各省官书局的分销处，经销本局书有经部 28 种、史部 94 种、子部 3 种、集部 8 种。有的官书局刻书由书肆代售。官书局刻书质量好，刊刻精细，又“平其值以售之”，因此销路很好，书商均愿经销。其他机构也有代售的。例如，张之洞说上海强学书局“其各省书局之书，皆存局代售”。有的官书局刻书也批发，进行打折销售。例如，广雅书局的书，“惟政府（备正式公文）咨调，坊间批发，九折计算”。此外，私人购买并相互转赠、传抄、借阅等其他途径，也使局本得到了更广泛的传播。

晚清官书局经营策略灵活多变，能够充分考虑到不同读者的需要。例如，同治八年（1869），金陵、浙江、湖北、江苏、淮南五书局进行合作，合刻了《二十四史》，不仅缩短了印刷出版周期，节约了人力、物力、财力，而且慎选底本，详加校对，保证了图书质量。由此可见，官书局的经营策略非常灵活。因此，官书局既以质量取胜，也以价格取胜。为了扩大销量，在装订、用纸、售价上都有所变化。例如，同一种书，有六裁、八裁、十二裁的，有用官堆纸、连史纸、赛连纸、毛边纸的。开本、纸质不同，价格也随之不同。例如，淮南书局所刻《仿岳本孝经》，官堆纸售洋一角，不多取一分。另外，为扩大销售，有的官书局还出台了一些优惠措施，进行打折或颁发优待证。例如，山东书局销售章程中明确记载：

> 凡持有长期优待证者，一律按定价八折。如购书书价超过二百元者，即无优待证，亦照八折。满一千元者，折扣随时商定。

有的官书局还将本书书目低价售出或免费随书附寄，也有利于扩大影响。官书局还举行书市展销，大张旗鼓地进行宣传和销售。例如，光绪八年（1882），总理海防支应总局在天津问津书院主办过一次书市，对各省局本广而告之：

> 总理海防支应总局奉爵阁督宪札饬筹备成本，购运南省官书来直，原价发售，以惠士林。现择部问津书院设局发卖，已将各省官书局书籍一律运齐安放，并于局内悬挂总书目、售书章程，又留存刊就总书

目一本，所有价值照南省十足制钱划一不二，定于二月九日开售。士子欲买购，到本局查阅书目，照章付钱取书无误。其各府州县尚未有地方官运书发卖者，各士子亦可转托亲友赴津购买。

晚清时期，由于地方官书局的大量涌现，大规模地刊刻图书，不仅改变了各地缺书、少书的情况，而且许多善本书籍得以大范围地流通。同时，晚清官书局局本发行的成功，对近代中国印刷出版业也产生了深远的影响。局本以传统的经史子集为主，在客观上整理和保存了中国古代丰富的文化典籍。晚清学者以考据见长，学风严谨、踏实，言必有据。而官书局则汇集了一大批饱学之士，他们在编纂、校勘古籍时，也融入了自己的学术见解，这对保存晚清学术成果起到了积极作用。

3.2.2 译书官局刻书

19世纪40年代后，晚清政府处于内忧外患之中，先后经历了两次鸦片战争和太平天国运动。面对严峻的内外形势，少数开明官员诸如奕䜣、李鸿章、曾国藩、张之洞等人认识到了西方的发达和坚船利炮的威力。为了摆脱内忧外患的窘境，实现富国强兵的目的，这些官员发起了洋务运动以谋求改变。洋务派以“自强”和“求富”为宗旨，兴办了江南制造总局、福州船政局等一大批军工企业，并附设翻译机构，同时在各地陆续设立新式学堂，如京师同文馆、江南制造总局翻译馆、上海同文馆、广州同文馆、福州船政学堂、自强学堂等。这些附设的翻译机构和新式学堂是集翻译和刊印于一体的印刷出版机构。甲午战争以后，面对时势潮流，官书局逐渐突破经史典籍的范围，改变了此前翻刻图书的结构，开始以编译书籍为主，更多转向西方实务类书籍的编译。1901 年前后，许多大臣纷纷上疏，奏请晚清政府设立译书官局。据考，先后有学部咨议张謇建议各省设局译书；贵州学政赵惟熙奏请设立译书总局于京师，各省设分局；管学大臣张百熙奏请附设译书局于京师大学堂，并于京师、津、沪、鄂、粤等处开设译局。一时间，各直省督抚相继设立官办译书局，它们与京师译书机构一起构成了晚清从中央至地方较为完备的译书官局体系。

1. 京师同文馆

京师同文馆是晚清官办新式教育机构中创办时间最早、翻译出版书籍最多，在近代中国颇有影响且规模宏大的新式学校。

京师同文馆于 1862 年正式成立，仿照俄罗斯文馆旧制，首先设立英文馆，并于 1863 年先后设立法文馆、俄文馆。以后，又开办了天文、算学、化学、医学、格致等科技馆及德文、东文等语言馆。1863 年设立上海广方言馆，1864 年设立广东同文馆。上海、广东同文馆虽仿照京师同文馆设立，但由于地理位置和客观环境差异，其生源及师资都较同文馆有所扩大。自 1869 年后上海广方言馆和广东同文馆就担任起选送优秀学生入京师同文馆的责任，这就提升了京师同文馆学生的数量和质量。同时，京师同文馆聘请美国传教士丁韪良为该馆总教习。丁韪良进行了一系列富有成效的改革，如整顿课务、添设新馆等，使京师同文馆由单一的外语学堂变成一所兼修语言及数学、物理、天文等西学的综合性新式学堂。1902 年，京师同文馆正式并入京师大学堂。

京师同文馆隶属总理衙门，既是一个教育机构，用来教习外国语言，培养翻译人才与外交人才，又是一个译书出版机构。同文馆的设立，同中英《北京条约》的签署，尤其是其中第五十款的规定有着直接联系。第五十款规定：

> 嗣后英国文书但用英文书写，暂时仍以汉文配送，俟中国选派学生学习英文,英语熟悉,即不用配送汉文。自今以后,遇有文词辩论之处,总以英文作为正文。

为了培养通晓英语的人才，避免外交上落入被动，清政府不得已成立同文馆，而练习译书则是同文馆课程中的重要内容。之后，同文馆设立印书处，这是同文馆译书机构的雏形，主要用来印刷同文馆的翻译作品以及总署文件等。1873 年，丁韪良“呈请译书”，获晚清政府许可。由此，译书正式成为同文馆学生的必修课业。对于同文馆译书一事，晚清政府非常重视。1886 年，奕劻等上疏晚清政府，议请遴选学生派充同文馆纂修。其议请原因是：

> 不特西学条理亟待研求，抑且记载纷繁，尤资编撰。

于是，同文馆学生席淦、汪凤藻与贵荣相继被派充编纂，负责对译就之书进行删校与润色。据现有资料看，同文馆中参与译书的师生人数为 25 人左右。其中，外方人员有丁韪良、欧礼斐、司默灵、毕利干、海灵敦与费理饬等；中方学生有李善兰、夏干、席淦、骆三畏、汪凤藻、汪凤仪、德贞、联芳、庆常、桂荣、长秀、扬枢、刁承霖、胡玉麟、玉钟祥、左庚、贵荣、文祐与熙璋等。该名单尚不包括当时作为独立建制的翻译处的其他翻译官，如沈铎等人。

但关于同文馆成立印书处的具体时间，有各种不同的说法。美国学者毕乃德在《同文馆考》一文中的说法是：

一八七三年，附设印刷所，备有中体与罗马体活字，及手摇机七部；文馆和总理衙门印件都由它印刷。

而京师同文馆总教习丁韪良在《同文馆记》的回忆中，有这样的记载：

1876 年附设印书处，有印刷机七部，活字四套，以代替武英殿的皇家印刷所。

中国台湾学者苏精则称“同治十一年成立印书处”，即印书处成立于 1872 年。而对于印书处的印书情况，毕乃德在《同文馆考》一文中有如下描述：

同文馆因与总理衙门关系密切，所作译事当然更重要。各种应用书籍都有译本，有万国公法与外交、财经、地理、化学、解剖、生理等门。多数译本，都系馆中印局自行印刷，免费遍送国内官员。

当时，同文馆师生翻译的书籍和各次考试的试卷，都由这个印刷所自己印刷。印刷处还承担着为总理衙门印制文件的任务。丁韪良在致友人的信中还曾提到，1877 年同文馆印刷所曾印过中文数学古籍和清代皇帝手写的诗词。由此可以看出，同文馆印刷所实际上代替了武英殿的皇家印刷所。

在印刷技术上，同文馆印刷处基本上采用铅印，然后安排工人手工摇动印刷机，旁边还需要添纸和加纸的工人。尽管操作费力，但是仍然在一定程度上使译书变得快捷。同文馆的印刷技术尽管也有其自身无法克服的缺点，如手摇机操作不方便，文字模板制作粗糙且仅有七套，中国汉字不同于英文的特殊结构和数量的巨大更是为书籍印刷带来不小的麻烦，难以体现出手摇印刷机和铅印技术的优越性。但是，从当时的社会实际来看，同文馆印刷的书籍除了作为本馆教学使用外，还要供给其他新式学堂当作教材。很多书籍在印刷之后甚至免费分发给各地官员，因而极大促进了书籍的需求量，所以西方印刷技术的传入仍然从很大程度上促进了京师同文馆译书活动的发展。

1888 年，京师同文馆添设翻译处，从学生中选拔翻译官兼职翻译。对译书成绩突出的学生，大加封赏。这些翻译官学生也是轮流值班，如果翻译官不在，则派其他学生临时顶替。对于无故缺席值班的学生，根据不同情况要进行纪律处罚。为了不影响翻译官学生及其他顶班学生的正常学业，1898 年堂谕批复同意派若干“年久资深”的学生“专司其事”。同时，还为每位专职翻译增加津贴，以强调对电报及重要文件的保密。

京师同文馆所翻译的书籍涉及西方的语言、文学、历史、地理、经济、数学、物理、化学、天文等多个领域，是当时翻译编译外国书籍最多的机构。关于京师同文馆翻译出版的书籍种数，有不同的说法。丁韪良的《同文馆记》一文，汇总和列举了“同文馆师生辑译书籍表”，计有 22 种。吴宣易的《京师同文馆略史》一文，列举了同文馆师生所编译成的或是共同编译的书籍 16 种，在文后注释中，据同文馆考附注，又补充了 6 种，共计 22 种。但此 22 种与丁韪良《同文馆记》中所列 22 种书籍名称有很大不同。这在很大程度上是不同作者对同一本书书名的翻译不同造成的。据《同文馆题名录》记载，当时同文馆译著的书有 27 种之多，其中 22 种与丁韪良《同文馆记》中所列书籍完全一致。中国台湾学者苏精统计已知同文馆出版的译著西学图书，共有 36 种，其中 26 种与《同文馆题名录》所载完全一致，剩余 10 种见于《增订中西学书录》和《筹办夷务始末》。又据李瑞良《中国出版编年史》记载：

该馆设有印刷所……据光绪六年（1880）统计，截至五年（1879），在近 10 年间共译印书籍 98 种，主要是自然科学书籍。

苏精在其《清季同文馆》一书中有如下论述：

以后根据同文馆题名录的记载，到光绪五年时京师同文馆译著的西学图书，连万国公法在内有十六种；到光绪十三年时增加五种，光绪十九年时新增两种，光绪二十四年新增三种，以上共计二十六种（各年中西合历共计一种）。另据光绪二十八年出版的《增订东西学书录》记载，除上述外还有八种，筹办夷务始末也记有两种，合计已知同文馆出版的译著西学图书，共有三十六种。

据苏精统计，这 36 种西书分别是《万国公法》《格物入门》《化学指南》《法国律例》《星轺指掌》《公法便览》《英文举隅》《富国策》《俄国史略》《各国史略》《化学阐原》《格物测算》《体骨考略》《戊寅中西合历》《己卯、庚辰中西合历》《辛巳、壬午、癸未、甲申、乙酉、丙戌、丁亥中西合历》（以上各种中西合历合计为一种）、《中国古世公法论略》《天学发轫》《新加坡刑律》《同文津梁》《汉法字汇》《电理测微》《坤象究原》《药材通考》《弧三角阐微》《分化津梁》《公法千章》《算学课艺》（以上 26 种载于历次题名录）、《陆地战例新选》《西学考略》《公法会通》《中亚洲俄属游记》《柬埔寨以北探路记》《天文略论》《各国通商条约》《鼓铸小银钱节略》（以上 8 种见于增订东西学书录）、《法国话规》《法国话料》（以上两种见于筹办夷务始末）。

2. 江南制造局翻译馆

江南制造局，全称为江南机器制造总局，也称上海制造局，或简称为沪局。它是晚清洋务运动时期为了学习西方国家先进技术而创办的第一个大型近代军工企业。1865 年 9 月，李鸿章、曾国藩于上海创办了江南制造局，目的是制造兵器弹药、造船造炮并操练水师。1868 年 6 月，制造局设立了附属机构的翻译馆，“另立学堂、以习翻译”，欲将西方现代科技的图书翻译并介绍到中国，求强求富。在其后的 45 年里，江南制造局翻译馆延聘中西人士，采用口译和笔述相结合的译书方法，翻译、编译出版了大量西方先进科学、技术等书籍。

江南制造局翻译馆的设立是由徐寿、华蘅芳等人促成的。当时洋务派倡行洋务，提倡西学，他们所创办的军工企业的发展不能仅仅依靠雇佣洋匠，这也就大大提升了其对本国科技人才的需求。徐寿与同乡华蘅芳等人爱好“究察物理，推考格致”。同治元年（1862）3 月，他们被曾国藩招揽至安庆府麾下，“令考究泰西制造与格致所有益国之事”，徐寿与其子仅仅参照《博物新编》中的图样就于 1865 年制成了我国第一艘轮船“黄鹄”号。之后，徐寿决意久居上海，故请曾国藩公派其到江南制造局，并于 1867 年到局出任江南制造局襄办。

徐寿到局后即上条陈倡议翻译刊刻西书一事。据傅兰雅《江南制造总局翻译西书事略》记载：

> 旋请局中冯、沈二总办设一便考西学之法，至能中西艺术相颉颃；因想一法，将西国要书译出，不独自增识见，并可刊印播传，以便国人

尽知。又寄信至英国购泰西大类编书（即大英百科全书），便于翻译者；又想书成后可在各省设院讲习，使人明此各书，必于国家大有裨益。

然而，徐寿译印西书的条陈并未得到曾国藩的同意。曾国藩认为虽然购得西书甚是方便，但翻译一事却难，目前的紧要之事是造船。他要求徐寿不可分心他事，专心制造轮船。曾国藩曾批示：

该员等此番赴局，遵谕专心襄办轮船，能于一年内赶速制造一二只，乃不负委用。其轮船以外之事，勿遽推广。

但徐寿译印西书的想法得到了当时的江南制造局总办冯焌光、沈保靖的赞赏。起初江南制造局的日常生产运营都依托于洋匠，魏允恭《江南制造局记》中记载洋匠的薪资水平要高出华匠不少，华匠人才急缺。时事方殷，需才甚亟，江南制造局为了提升在局华匠的技艺和招揽华匠人才做出了不少努力。

如有技艺与洋人等者，即给以洋人工食，再能精通则拔为匠目，以示鼓励。

冯焌光和沈保靖长期总理江南制造局各厂事务，较之曾氏更加了解江南制造局的现况，更加了解工业，也更能明白译书对于传播西学、启迪民智、培养人才的重要性。于是他们同意了徐寿翻译刻印西书的想法：

总办闻此说善之，乃请总督允其小试。

因此，制造局聘任了西人傅兰雅、伟烈亚力、玛高温等人，这些西人与徐寿、华蘅芳、徐仲虎等合作翻译了《运规约指》《汽机发轫》《金石识别》等书。以上这些书均是在上海租界西人住宅中译出的。由于江南制造局距离上海租界较远，每日往返译书“甚觉不便，莫若在局中译之”，于是 1868 年 6 月，江南制造局翻译馆在局中成立。

1871 年，翻译馆首批十几种译书在制造局刻板印行。翻译馆的各种译著一出，当时的其他译著就相形见绌了。京师同文馆的几种已属陋劣，至于传教士们为教会学校编译的一些“格致”课的小册子更是不可与此同日而语、相提并论。

制造局翻译馆从 1868 年建馆起的 40 多年间可以大致分为三个阶段。王扬宗认为，从开馆到 1880 年是第一阶段，1881—1895 年是第二阶段，1895 年以后是第三阶段。

江南制造局究竟翻译编写过多少种书，不同专家进行过不同的考证，主要文献对译书数目记载也各不相同。翻译馆主要口译者傅兰雅从翻译馆建馆一直工作到 1903 年，他所著的《江南制造局翻译西书事略》附录的书目表中计已刊译书 98 部，已译未刊 45 种，未译全者 13 种，共计 156 种；1902 年的《江南机器制造总局书目》计 145 种，另列沪局翻刻书籍 23 种；1905 年翻译馆魏允恭编《江南制造局记》卷二中的图书书目，收译书 154 种，翻刻书 18 种，其他非译书 3 种，共 175 种；陈洙等编写的《江南制造局译书提要》中记载，1909 年铅印本记收译书 150 种，翻刻书 10 种；约 1912 年出版的《上海制造局译印图书目录》最全，计有译书 169 种，翻刻书 29 种。江南制造局翻译馆的主要译著见表 3-1。

表 3-1　江南制造局翻译馆主要译著

学科	主要译著
数学	《代数术》《算式集要》《微积溯源》《三角数理》《数学理》《代数难题》《算式解法》《合数术》等
物理学	《电学》《通物电光》《无线电报》《声学》《光学》等
化学	《化学鉴原》《化学鉴原续编》《化学鉴原补编》《化学分原》《化学考质》等
天文、地质	《谈天》《测候丛谈》《地学浅释》《金石识别》等
医学	《儒门医学》《西药大成》《内科理法》《法律医学》《保全生命论》等
工艺	《汽机发轫》《汽机新制》《兵船汽机》《西艺新知》《制机理法》《电气镀金》等
兵学	《制火药法》《兵船炮法》《营工要览》《行军指要》《前敌须知》等
船政	《行船免撞章程》《航海章程》《航海通书》《行海要术》《御风要术》等
工程	《工程致富》《铁路汇考》《海塘辑要》《行军铁路工程》等
矿学	《开煤要法》《冶金录》《井矿工程》《求矿指南》《探矿取金》等
社会科学	《佐治刍言》《列国岁计政要》《美国宪法纂释》《四裔编年表》《法国新志》《东方交涉记》《公法总论》《防海新论》《日本学校源流考》《保富述要》《西国近事汇编》等

江南制造局作为清末洋务派主导的官办军工企业，其经费一般由晚清政府拨付，主要来源是海关关税收入，其企业本身的生产收入占比极低。而翻译馆作为江南制造局的附设机构，它的经费就主要由江南制造局拨付，其运营并不依靠自身的售书收入。翻译馆的经费数量与其发展状况相适配，总体来说在制造局总经费中占比重不大。

根据魏允恭《江南制造局记》卷四《会计表》记载，同治六年至光绪三十年（1867—1904）间翻译馆所用经费，即“译书及办舆图经费”，共花费银约为 77 738 两（见表 3-2），仅占江南制造局经费总数的 0.28%。可见江南制造局的经费主要用于向外国订购生产所需原材料、机器和军火，翻译馆所花费的经费在局中占比重并不大。翻译馆除刻书印书之外，还需要大笔支出来支付中外译员的薪水、购置书籍和仪器等，故花费在刻书上的经费就更为有限了。

表 3-2　江南制造局翻译馆经费

年份	金额 / 平银两	占全局总支出百分比 / %	年份	金额 / 平银两	占全局总支出百分比 / %
1857—1873	16 460.06	0.56	1889	573.23	0.08
1874	6 800.12	1.19	1890	1 579.35	0.21
1875	4 755.20	0.90	1891	619.19	0.10
1876	3 379.65	0.61	1892	956.34	0.13
1877	2 458.16	0.60	1893	1 013.46	0.12
1878	3 763.43	1.07	1894	1 291.83	0.15
1879	2 730.98	0.69	1895	907.70	0.09
1880	2 245.86	0.38	1896	812.80	0.07
1881	2 112.90	0.25	1897	1 334.46	0.14
1882	1 725.59	0.28	1898	1 555.88	0.13
1883	3 686.31	0.67	1899	1 681.91	0.12
1884	1 578.58	0.16	1900	1 814.88	0.13
1885	1 036.18	0.20	1901	1 732.49	0.13
1886	502.15	0.10	1902	2 348.14	0.20
1887	1 152.29	0.17	1903	1 864.14	0.16
1888	697.40	0.14	1904	2 559.35	0.29
合计				77 738.01	0.28

数据来源：魏允恭《江南制造局记》卷四《会计表》。

江南制造局翻译馆并未下设专门的售书机构，仅在印书处设有一人专门董理售书一事。翻译馆的销售渠道则主要是寄售，即由其他书店、书局代为出售，售价总体不高，销量则比较可观。

江南制造局翻译馆最早是在格致书室寄卖书籍。格致书室是我国近代最早的科技书店，由傅兰雅创办于 1885 年，位于“上海三马路申报馆西首”。格致书室主要经营科技图书、地图、各式仪器等，很多翻译馆译刻书籍都在格致书室售卖。除上海一地，格致书室还在天津、北京、汉口、汕头、福州、中国香港等地开设有分销处，其他地区读者还可以选择邮购的方式购书。上海作为重要的交通枢纽，邮递事业比较发达。1863 年 7 月，上海工部局就成立了书信馆，书信馆成立之初规定如果每年在书信馆认捐平银三十两，书信馆就为其寄递信函等物，不再另外收费。后来书信馆改革，付邮方式转为邮票制。由于邮寄费用较低，格致书室邮寄书籍并不在书价之外另收取邮资。

后期，江南制造局翻译馆的寄售渠道有所扩展。翻译馆在 1911 年出版的《西药大成药品中西名目表》后附有《上海制造局译印图书目录》，该目录后附有版权页，记录了江南制造局的编译所、发行所和印刷所，还记录了江南制造局翻译馆的另外五个寄售处，分别是上海棋盘街中国图书公司、科学书局、商务书馆、上海望平街申报馆和千顷堂书局。

由于寄售渠道日渐增广，故江南制造局翻译馆所刻书的销量还是颇为可观的。截至 1880 年，江南制造局翻译馆就已售出书籍万余本，“察所销售书籍已数万余，可见中国皆好此书”。其主要售书对象是官绅文人，“局内之书，为官绅文士购存者多”，北京的京师同文馆、上海、厦门、烟台的各地书院也多有购存。

此外，江南制造局翻译馆刊刻的书还通过行政系统发售。翻译馆同治十二年（1873）刊印了《防海新论》十八卷，总理衙门饬令沿海各督抚都要阅读，此书因此售出了千余部。翻译馆还不定时地整理刊印新闻纸与西国近事汇编等书，每次印 300~500 本不等，分呈于上海与各省的官员。

翻译馆的经费主要由江南制造局从其经费中拨付，不用自己通过售书来获取收入以维持其经营运转。这就导致其译书活动并不以营利为目的，因而制造局所译书的定价并不高。为满足不同消费人群的需求，江南制造局翻译馆一般每种书都刻有连史纸、赛连纸两种，使用赛连纸印刷的成本更为低廉，故其书价也更加便宜。《江南制造局记》卷二所附图书表（下称《局记图书表》）、《上海制造局译印图书目录》（下称《译印图书目录》）和梁启超《西学书目表》都记载了江南制造局翻译馆的售书价位。1911 年刊印的《译印图书目录》中所载书价比 1905 年《局记图书表》所载书价更为低廉。以《四裔编年表》一书为例，该书为四卷本，1905 年《局记图书表》记载该书书价为一元九角，1911 年《译印目录》中则记载为连史本一元六角、赛连本一元。此处书价的变动应是物价银价变动之缘故。另外，梁启超《西学书目表》所载书价也与二者不同，江南制造局翻译馆为了扩大图书销售规模，售书时常有折扣。翻译馆所出售的书都有原价和重减价，梁启超列书价时一般是依其实际购书时的重减价而列。

3. 强学书局的改制及晚清译书官局的发展

1895 年御史胡孚宸上奏，请求朝廷“筹议官立书局，选刻中西各种图籍，任人纵观，随时购买，并将总署所购洋报选译印行以扩见闻”，并建议将康有为等人设立的强学书局改归官办。对此，光绪帝要求总理衙门议奏。总署的方案是：

拟援照八旗官学之例建立官书局钦派大臣一二员管理，聘订通晓中西学问之洋人为教习，常川住局，专司选译书籍各国新报及指授各种西学。并酌派司事译官，收掌书籍，印售各国新报。统由管理大臣总其成，司事专司稽察。所需经费，由总理衙门于出使经费项下每月提拨银一千两，以备购置图籍仪器各国新闻纸及教习司事翻译薪水等用。……毋庸招股集赀设不敷用，再由臣衙门设法筹措。如有慕义之士，愿借巨款或捐书籍，准由司事呈明管理大臣酌定核收。至建设学舍地方，或假官房，或租民宅，取足教习各官起居之地，兼为士大夫人观群书之所。……该御使所请就海军旧署开办之处，应毋庸议。如蒙俞允，再由管理大臣详定章程，定期开设。

光绪帝批覆派孙家鼎管理具体事务，1896年孙家鼎被任命为管理官书局大臣。孙家鼎即“与原办书局诸臣悉心酌度”，遵议制订出官书局开办章程，共分藏书籍、刊书籍、备仪器、广教肆、筹经费、分职掌、刊印信七条。从其章程的内容来看，它不光是一个“译刻各国书籍”的翻译出版机构，还兼具藏书拟设藏书院、展览拟设游艺院、教育拟设学堂一所的功能，而“分职掌”一条则试图对此类书局内部机构设置及职能作出统一的规范，同时将原先的金陵官书局、淮南书局等并入江楚编译局，主要出版西学书籍。

与此同时，洋务翻译机构也在变化，北京同文馆被并入京师大学堂，较为开明的洋务派官僚还陆续设立新译书局，如江楚编译局。1898年，总理衙门又奏准将梁启超在上海设立的大同译书局改为译书官局，每月拟拨给译书经费两千两，官督商办。如果经费仍不够用，准由该局招集股份，这一点和孙家鼎管理的官书局不同：

译书官局所译之书，应先尽各国政治法律史传诸门，徐及兵治医学农矿工商天文地质声光化电等项。书译出后，应先寄总理衙门以备进呈御览，并分送各省新设之学堂学会藏书楼各一份，剩下的允许译书官局出售。设立译书官局，并不是要取代江南机器制造局翻译馆，而是仍应查照成案，对后者进行认真办理，毋令废弛。

1898 年，京师大学堂创办。光绪帝谕令：

所有原设官书局及新设之译书局，均并入大学堂由管学大臣督率办理。

1902 年 10 月，京师大学堂成立了编书处、译书局，分别承担中小学中学和西学课本的编写任务。严复在其手订的《京师大学堂译书局章程》中，对人员机构设置、薪俸、业务及事务管理等都做了详细的规定，并宣布译书局：

现在所译各书，以教科为当务之急，由总译择取外国通行本，察译者学问所长，分派浅深专科，立限付译。

1904 年，管学大臣奉旨改为学务大臣，京师大学堂不再代行管理全国教育的职权。相应地，京师大学堂编书处和译书局也为总理学务处编书局和译书局所取代，但其职责未变。

1906 年，学部成立。在总务、实业、专门、普通、会计五司之外，另设编译图书局：

以学务处原设之编书局改办。其局长由学部奏派，其局员均由局长酌量聘用，无庸别设实官。并于局中附设研究所，专研究编辑各种课本。

新式教科书编出后，即交给奏办的官印书局排版印刷。例如，京师大学堂印书局就在其章程中规定：

除大学堂编译各书外，不独官书可以承揽，即家藏私稿亦可送局，呈管学大臣审定后，一律印行。

它还规定，官书但收工资成本，私稿议定销数分利，如销一千部分利二成，三千部分利三成，至五千部分利五成。所有印成各书，都由管学大臣咨发各省督抚，大省两千部，小省一千部，收书后照章收取书款以资周转，还拟借上海译书分局为总发行所予以代售。如果是“私家译辑各书，呈送大学堂审定，请保版权者，须归本局印行，由本人自行发售。排印工料照外间承揽之书一律作价，不稍昂贵。如译者自开印书局所，但系曾得大学堂保护版权利益，应缴印成之书若干部储存本局，以备大学堂教习、办事人随时取用”。

除了中央一级的译书机构外，地方政府也纷纷设置有同类印刷出版机构。尤其是教育行政管理机构改革与完善后，凡是设有学务处、提学使的地方，一般都有编译图书机构的存在。除学部编译图书局外，另有南洋公学译书院和江楚编译书局两家地方译书官局的影响较大。

总之，晚清官书局经过 40 多年的经营，在当时复兴封建文化、巩固封建统治等方面确实起到了一定的作用，同时给近代中国在印刷出版业的改革、文化典籍的保存作出了一定的贡献。官书局是洋务运动中和其他军事、民用企业一同成长起来的，它或多或少地接受了西方的经营方式，成为中国历史上第一批官办的独立的印刷出版企业。各省官书局创建时都订有章程，书局内部都有固定的分工和一定的工作程序，它的经营方式已与现代印刷出版企业有类似之处。在官书局后，以“书局”“馆”“图书馆”命名的官私印刷出版企业纷纷建立，如文明书局、中华书局、商务印书馆、亚东图书馆等。各省官书局对清初以来官府刻书主要由中央一手包办的形式也是一个重大突破。随着官书局的出现，它亦官亦商、承揽私人著作的刻印和私人印刷出版物的销售等特征，使我国延续近千年的官刻、私刻、坊刻三大印刷出版模式正式消亡。这在中国印刷出版史上是一个重要的转折点，对当时印刷出版业的改革有重大意义。与此同时，各省官书局利用官府的力量，聚集了大批学者、刻印工人以及其他社会力量，大量印行各种经史子集及其他图书，尤其是不少比较重要的大型丛书，更是工程庞大，这对各地出版、印刷、发行事业的发展，无异是一种推动，尤其是大批书籍通过遍设南北各地的网点，平价销售，使中国的典籍得以更好地保存和流通。光绪后期，各地陆续建立起图书馆，各省官书局为它们提供了藏书基础做出了相应贡献。

但它最终抵御不了西方思想的东来，终于渐渐地走向衰落。辛亥革命爆发，清王朝也结束了它的统治。这些官书局先后并的并，改的改，也有转为私人经营的，逐渐为民营印刷出版企业所代替。

3.3　官办书院刻书

中国的书院始萌于唐末五代，大兴于两宋，又经元、明一直延续至晚清，持续了一千余年。就其主体而言，书院基本属于私学，然而在其发展演变过程中，又与各级政府有着千丝万缕的联系，出现了不少官办书院。

“书院”一词最早出现在唐朝，唐朝政府开元年间设置丽正修书院（后改为集贤殿书院），主要功能是藏书、修书和举荐贤才。到宋代，书院的教学功能得以确定完善，书院制度也正式得以确立。元代书院由于受到官方的支持与控制，开始了书院的官学化进程。明朝初期重视科举，书院空前冷落，后来王阳明等理学大师到处鼓吹理学，书院讲学之风复盛。清朝书院发展也趋向官学化，得到了引导规范和经济支持。

清代书院的发展出现了康熙、乾隆、光绪三个高峰时期。初期，清政府对书院是压制的态度，惧怕学者在书院聚集清议朝政、结党结派。随着书院自身的发展、影响力的扩大，清政府对书院的态度也在慢慢软化，逐渐以官学化的策略支持书院发展，后来更是开始创建省会书院，规范书院管理。

雍正十一年（1733），皇帝发布诏令：

> 近见各省大吏，渐知崇尚实政，不事沽名邀誉之为，而读书应举者，亦颇能屏去浮嚣奔竞之习。则建立书院，择一省文行兼优之士读书其中，使之朝夕讲通，整躬励行，有所成就，俾远近士子观感分发，亦兴贤育才之一道也。督抚驻扎之所，为省会之地，著该督抚商酌奉行，各赐帑金一千两。将来士子群聚读书，须预为筹画，资其膏火，以垂永久。其不足者，在于存公银内支用。

从这道诏令可知，雍正上谕各总督、巡抚在其驻地建立省会书院，这是清代正式建立省级书院的标志。省会书院的创建，使各省会都有了各自的最高学府，这为官办书院教育体系的最终确立奠定了基础。清政府提供办学经费，对书院加以控制，在设立、经费、山长选聘以及招生和生徒考核等方面进行严格管理。

乾隆年间，清政府的书院政策不再动摇，寓控制于支持，以创建上下一统、制度完善、定性明确的官办书院教育体系为主要目标。

清代在兴建修复省会书院的同时，各级地方官吏也在其所辖区内兴建府、州、县级官办书院。它和原本已有的省会书院构成了上下一统的官办书院教育体系。

官办书院的共同特点是官立，其创建、修复、经费、聘师、招生之权多操控于各级行政首长，成为各级政区的最高学府。所不同的是各自的辖区范围大小不一，由县而州而府而道而省，甚至总督所辖之跨省，呈递增之势，辖区越大，其选择师生的余地就越大，其教学与学术水平也就越高。因为官本位思潮的影响，官府的级别越高，其权力就越大，就能支配更多的经费，聘请更好的山长主教，这是一方面。而另一方面，行政区越大，读书人就越多，书院招生时选择的余地也越大，能够做到优中选优。二者合一的结果，自然就会造成书院教学水平随行政区域的扩大而提高的局面，由州县而府道，由府道而省级，节节上升，构成一个由低而高的结构模式。

至清末，官办书院发展还面临着在东西文化冲突中何去何从的问题。1901年，晚清政府下诏改书院为学堂，标志着延续千年的书院制度终告结束。

由于书院的学子需要读书，还要参考各种本子，过去书又少，难以搜集，书院往往自行刊印。所以，自古以来，书院都刻书。晚清官办书院刻本内容广泛，包括经、史、子、集、丛诸部，很少刊刻御纂制书，也几乎没有面向民间的农桑卜算、阴阳杂记、启蒙读物及戏曲、小说类的民间文学作品，而主要集中于学术性著作，尤重师承学派。

官办书院刻书还兼负地方官刻部分任务。晚清，官办书院刻书中地方文献占很大比重。地方文献，主要是地方志和有地方特色的诗文集。地方文献约占官办书院刻书的 1/5。

例如，学海堂共刻书 3 334 卷，其中有《学海堂经解》（亦名《皇清经解》）1 400 卷、《学海堂文集》四集 90 卷、《四库总目提要及附存目录》230 卷、《十三经注疏》416 卷、《研经室集》62 卷、《学海堂丛刊》27 卷，等等。《学海堂经解》收录清人经解著作 180 多种；《学海堂文集》收集了 500 人的著作。

广雅书院设有广雅书局，专事刻书。据统计，广雅书局共刻书 5 746 卷。其内容除了《无邪堂答问》五卷之外，多经、史、小学、文集之类。所刻《广雅堂丛书》共收书 159 种，其中史书 97 种，几乎囊括了唐宋以来的主要史书。

南箐书院亦设局刻书，刻有《皇清经解续编》1430 卷、《南箐书院丛书》144 卷、《南箐札记》21 卷、《南箐讲舍文集》6 卷，等等。其中《皇清经解续编》工程最大。王先谦曾谈及这部书的编刊经过，他说：

> 臣昔于阮元所刊经解外，搜集说经之书，为数颇多，抵任后，尤苏省为人文荟萃之区，檄学官于儒门旧族，留心搜访，时有采访，共收书近二百种，都一千数百卷，类皆发明经义，为学者极应研究之书，稔知宁苏两书局，近来经费不甚充裕，未能刊此巨帙，因就近于江阴南菁书院设局汇刊，曾函知督抚臣在案，臣已捐银一千两，鸠工缮写。

尊经书院为光绪元年（1875）四川总督关棠和提学使张之洞所创，设有尊经书局。尊经书局一方面利用原成都书局刻的《史记》《汉书》《后汉书》《三国志》等书版片印书；另一方面，也自刻了《蜀秀集》等多种书籍。

此外，菊坡书院刻有《菊坡精舍文集》，大梁书院刻有《经苑》《近思录集注》《人谱》等，正谊书院刻有《学古堂日记》，关中书院刻有《志学斋日记》，经训书院刻有《经训书院文集》，育才书院和五华书院也各刻书一二十种，其他书院如端溪书院、鳌峰书院、紫阳书院等都刻书多种。

晚清官办书院刻本的内容，大致可以分为两类。

（1）官办书院师生自己的著述。许多官办书院常把师生读书的心得或疑惑记在日记册上，然后将日记编刊成书。例如，正谊书院刊《学古堂日记》、关中书院刊《志学斋日记》等就属于这一类。有的书院还把学生写的文章刊印成册，例如，诂经精舍刊《诂经精舍文集》中的2000多篇文章都是学生的研究成果。不过，官办书院为了维护自己的声誉，对这类文章要求甚高。例如，《白鹿书院志》曾记载：

> 今查会文定刻十篇，未必俱可传世，似宜拔其有骨品、有脉理、有先正之体裁章法者选拔，庶不失为天下第一大书院人文。每年汇刻一卷，附于天下宗师考卷后，以公海内……如无名世真文，即不必妄灾梨枣，以耗物力。

（2）历代文献。在历代文献之中，经史子集，四部皆备。因为“丛书最便学者，为其一部之中可统群籍，搜残存佚，为功尤臣”，所以官办书院刻了大量丛书。

晚清，官办书院的经费来源渠道较多，主要有以下几个方面。

（1）朝廷赏赐。晚清政府对官办书院的赏赐只是偶尔为之，并非常态。

（2）官方拨款，大多是拨给田产。这是晚清官办书院办学经费投入的主要来源之一。晚清时期，官方作为办学经费投入的主体主要集中在对县级以上书院的投入上。书院的办学层级越高，官方投入办学经费的力度也就越大，省会书院尤其如此。例如，同治十年（1871），时任巡抚的张之万为紫阳书院“拨给藩库银 6000 两生息增诸生膏火”，两年后，新任巡抚张树声于旧地重建了该书院。

（3）官员捐助。官员捐助是晚清官办书院办学经费投入的另一主要来源。例如，咸丰十年（1860），正谊书院毁于战火。战后，江苏巡抚李鸿章购民居改建，“初与紫阳书院俱以经艺课士，至是乃专课经解古学，择诸生十人，肄业其中”。后又筹银一万两为“膏火之费”。同治十二年（1873），新任巡抚张树声重建了该书院。而广州菊坡精舍由广州将军庆保修建于道光年间。同治六年（1867），广东巡抚蒋益澧、盐运使钟谦钧捐资两万金为书院“膏火经费之需”。

（4）社会力量的捐助。例如，两湖书院的筹建经费就有社会力量的捐助。张之洞劝令湖南的茶商“捐助书院经费并详体商情，照旧案每百斤减为抽银一钱”，劝令湖北茶商“每百斤捐助书院经费银三分，连堡工捐合计亦系一钱”。由于筹建经费最初来自南北茶商，为补偿茶商，另调四十名商籍学生入两湖书院肄业，而后两湖书院经费分别来自盐库、汉口八大商行的商款。

3.4 官办报刊的印刷出版

晚清，许多受过西学影响的政府官员和知识分子较早就认识到报刊在教化民众等方面的重要作用。林则徐为了了解“夷情”而于鸦片战争前夕在广州创办了《澳门新闻纸》。该报刊虽然不具备近代报刊的形态，但这一创举足以说明此时少数官员的确比较早就认识到报刊的政治传播功能。王韬是较早系统地提出官办报刊思想的知识分子，他认为官办报刊具有“知地方机宜”“知讼狱之曲直”“辅教化之不及”等好处。郑观应则认为：

> 至各省及都会之地，其日报馆每日所出新闻，必以一纸邮寄京师，上呈御览。其有志切民生、不惮指陈、持论公平、言可施行者，天子则赐以匾额，以旌直言。不准地方官恃势恫喝，闭塞言路，偶摘细故，无端封禁。

然而，晚清政府在相当长的时间内对报刊的政治传播功能并未有深刻的认识。因此，晚清政府也没有意识到需要利用官办报刊来管控社会舆论，以致在同治元年（1862），工部侍郎张芾在奏请刊刻《邸报 》发交各省时，被朝廷申斥为：

> 识见错谬，不知政体，可笑之至。

因此，在维新运动之前，近代报刊主要是由西方传教士创办的。维新运动期间，一些具有维新思想的官员与士人的报刊思想已经能够直接体现在晚清政府的报刊出版政策中，最终促使朝廷下诏允许官民自由办报。

晚清时期，新式官报出现。1895 年中日甲午战争后，清政府征求善后之策，英国传教士李提摩太建议创办官报，并举荐傅兰雅和李佳白主持其事。1896 年，经总理各国事务衙门奏准，将维新派所设强学书局改为官书局，派孙家鼐管理，除译刻书籍外，还发行有别于从进奏院状到邸报的内部传阅、封闭式报刊的新式官报——《官书局报》和《官书局汇报》两份报刊。这两份报刊因此成为晚清最早的官办报刊。《官书局报》和《官书局汇报》以黄纸为封面，形状同《京报》，每日一册。其内容主要有国外、国内新闻，及有关西方新事新艺的译文，也刊登上谕、奏折、儒家格言等内容。

清末推行“新政”，官办报刊得到了进一步的发展。光绪二十八年（1902）11 月，袁世凯在天津创办《北洋官报》，“专以宣德通情，启发民智为要义”“以讲求政治学理、破锢习，浚知识，期于上下通志，渐致富强为宗旨”。之后，各省纷纷着手创办官报，从而“使绅民明悉国政”的官报借助“新政”的推行进入兴盛时期。光绪三十三年（1907），御史赵炳麟鉴于各省各部多已创设官报，虽产生了预期的政治传播效果，但“惟仅限于一部一省之事”，所以应该在考察政治馆设立官报，以“开民智而正人心”。这个建议受到晚清政府的重视。于是，宣传中央政令的《政治官报》于同年创设（后随责任内阁的成立而改为《内阁官报》），“专载国家政治文牍”“凡一切立法行政之上谕及内外臣工折件、电奏，并咨牍、章程等类，除军机、外交秘密不宣外，所有军机处发抄暨各衙门随时咨送事件，依类分门，悉心选录”，以求详备。至此，晚清政府形成了中央与地方的官办报刊系统。

晚清时期，官办报刊按主办单位可分为四级，即中央、总督辖区、省和少数州县。中央一级有《政治官报》（《内阁官报》）、《商务报》（后改《商务官报》）、

《训兵报》《学部官报》《交通官报》和《北京日报》6种；督辖级有《北洋官报》《南洋官报》《两湖官报》《两广官报》和《东三省官报》5种；各行省除新疆外都办有官报。

晚清，官办报刊也有售价，但其售价大部分不高。例如，《北洋官报》创刊之初，为“隔日刊”，每月“大建出报十五张，小建出报十四张”，每期零售价洋五分，每月售价洋七角。自第200期（光绪三十年正月初六日，1904年2月21日）起，改成日刊：

> 《官报》按日一册，每月三十册，收价银六角……零购者每册洋银二分。

至宣统三年九月初一日（1911年11月22日）之《北洋官报》规定报价由“银洋两便”改为仅收银元：

> 敬禀者，窃查职局官学两报开办之初，合装一册，每月定价库平银九钱，嗣于光绪三十二年禀定将学报分作旬报，以便检阅，报价仍旧并不增加，惟其初，各属习惯用银，故不得不按银定价，今则银元通行渐广，且度支部奏定国币制度将次实行，将来凡用银者，均须改作银币，则是报价与其收银平色各异，彼此折算均有无形之暗耗，不若先行照章改作银元，以归一律。拟请自本年九月初一日起，官学两报照旧并发，按照原价，并连邮费酌中定作，每月共收大洋一元三角，以免折合之烦，实属两有裨益，除俟奉批再登报宣布外，所有职局报价，酌拟改收银元缘由，理合呈请。

晚清官办报刊也非常重视发行。地方官报的发行不仅在本省范围内按期寄送，而且还向外省发售。如《北洋官报》章程规定：

> 按期递寄各府厅州县，分送各村长各学堂阅看，至外省之商埠城镇，亦可推广分售。

《黑龙江官报》发行至“省外各署局所及绅商学界”。部门官报多在各省和大城市设立售报点，如《商务官报》除设有总发行所外，还通过各省商务局、官报局和商会等单位寄售官报，并在北京、上海、汉口等地设总代售所经营零售和订报事宜。

晚清官办报刊主要有派销、代销、函购、捐送、民间报商贩卖等发行方式。其中，派销是最主要的发行方式，这也是官办报刊与民营报刊的重要区别之一。派销实质上是派购，即利用行政渠道自上而下地层层指派。例如，《北洋官报》被派销往“十一府七直隶州八厅一百四十四州县”。而代销主要由代派处来发行。代派处是北洋官报局在本局之外派定或委托代派的发行机构，“购阅者或函知本局或向各代派处订购或由送报人经手，报价务希先惠按期送报断不致误，特此步闻”。《北洋官报・发行凡例》规定：

> 如各府县于札派定数外另行函购，本局于函到次日照寄，未报价概须先惠，空函恕不奉复……函购者银洋两便。

外府州县所购报纸数量，由督宪统一排定，也可另行函购。例如，颜世清任北洋官报局总办期间，“其封翁长沙太守颜筱夏曾函购《北洋官报》四百份，被时人乐称为贤父兄”。《北洋官报》刊发之初，采取捐送的方式来推介，按照其发行凡例，直隶省免费赠阅1月，外省免费赠阅10日。除以上诸种发行方式外，还存在民间报商贩卖《北洋官报》的情况和官报局设立书籍报章寄售处寄售《北洋官报》的情况。前者如天津府署东各报总处梁子亨曾经售《北洋官报》，“接阅头五期白送，不收分文”。后者如在天津锅店街文美斋、天津袜子胡同同文仁记、北京琉璃厂有正书局、北京铁老观庙公慎书局、保定北大街官书局、上海商务印书馆设立书籍报章寄售处。

3.5 小结

晚清官办印刷出版机构的发展比较完善，包括武英殿、各官书局、官办书院等，以及中央各部与各省创办的官办报刊。这些官办机构的印刷出版活动从印刷出版物的数量与类型、印刷出版体系的完善程度以及出版物的传播范围上看，是其之前其他历史时期无法比拟的。

晚清，官办机构的印刷出版活动非常活跃，这与晚清政府对印刷出版物控制力的缺失有很大关系。首先，近代机械印刷术从欧美、日本引入后，印刷出版业的效率大大提高，民间印刷出版活动变得更为容易，从而使印刷出版物的数量激增。这就造成了晚清政府对民间印刷出版物的查禁在技术上难度加大。而官办机构的印刷出版活动可在一定程度上代替印刷出版管控功能。其次，西学东渐颠覆了部分知识分子传统的封建道统思想，使清王朝封建统治的合法性开始受到了质疑。而官办印刷出版物可以起到“教化民众”的作用。最后，西方教会和传教士在华拥有印刷出版特权，以及太平天国采取文化策反方式来对抗封建正统思想，也使晚清政府对民间印刷出版活动的控制力造成一定的削弱。而这同样也需要官办印刷出版物来发挥“收拾人心”的作用。

因此，从总体上来说，晚清官办印刷出版活动的历史地位仍然值得肯定。京师同文馆与江南制造局翻译馆等专致译书，在传播西学等方面贡献极大；武英殿、各官书局对典籍文献的整理、印刷及出版，在文化传承方面有突出贡献；部分官书局也印刷出版了一些西学新书和新式教科书，对传播西学也作出了一定的贡献。而官办报刊，其创办初衷并非出于抵制清末革命思潮，而是与晚清政府的“新政”和“预备立宪”密切相关。从其内容上看，官办报刊刊载最多的是官方公文奏章和新知实业，以及劝戒烟、禁缠足、提倡男女平权等改良社会风气的纂述，与革命报刊几乎没有形成正面的冲突。因此，官办报刊是晚清报刊业发展过程中的重要组成部分，其社会进步意义同样不容否定。

第 4 章　晚清民营印刷出版活动及其商业化发展

民营印刷出版业在中国印刷出版史上一直扮演着不可或缺的重要角色。中国传统印刷出版业的三大体系（官刻、坊刻、私刻）中的私刻和坊刻均属于民间刻书的范畴，是中国民营印刷出版业的前身。

随着汉代造纸术的发明，人们对知识的需求不断增长，坊刻因此悄然兴起。坊刻，指书坊刻书。书坊是古代贩书、售书、编书、刻书、印书的店铺，是一种具有商业性质的私人印刷出版发行单位。在雕版印刷术发明之前，坊刻的基本技术是成本较高的石刻，所以其主要业务是为上流阶层刻印发行经传古籍等读物。在雕版印刷术乃至活字印刷术发明后，印刷的成本大大降低，相应地，书的售价也大大降低到普通大众可以接受的范围，于是坊刻发行的书内容范围扩展到科举应试、民间文化，甚至还有当时统治阶级禁止民众看到的禁书。坊刻以民间为主要需求对象，大多为日常所用之书，如历日、阴阳占卜、字书和医书等通俗书籍，具有较大的市场需求。由于坊刻扎根民众需求，经营灵活，受到的思想局限小，发展势头迅猛。在古代三大刻书系统中，坊刻不仅兴起最早，分布最广，数量最多，而且影响最大。官刻和私刻都是在坊刻的基础上发展起来的。私刻，也称"家刻"，是指私家刻书。私刻往往是达官贵人和文人学士出资雇工刻印其祖上或自身的著作，以各种文集居多。五代时后蜀宰相毋昭裔是早期最著名的以卖书致富的私人印刷出版者。

晚清时期，其私刻和坊刻在之前历朝历代的基础上依然在发展，同时，在西方教会印刷出版活动的冲击下，出现了民营印刷出版业的蜕变。

晚清民营印刷出版业，是与教会印刷出版业、官办印刷出版业相并列来说的。这三者的区别，除了在印刷出版书籍的种类、宗旨和性质等方面不同之外，还在于创办人、资金来源、经营方式等方面的不同。追逐文化市场利润是他们的目标，但却不是唯一的。民营印刷出版业在继承、发扬传统文化，传播西学，促进晚清社会商业、经济等方面的发展上，其作用也是不容忽视的。

晚清民营印刷出版业的发展大致经历了两个阶段。在第一个阶段，由于受到教会印刷出版业和官办印刷出版业的压制，其发展较为缓慢；而在第二个阶段，由于维新运动和清末新政等原因，民营印刷出版业发展迅猛，在印刷出版结构等方面产生了蜕变。

4.1 晚清民营印刷出版业的缓慢发展

民营印刷出版业在晚清以前就是一种发展历史悠久的印刷出版主体类型，中国传统印刷出版业三大体系中的私刻和坊刻属于民间刻书的范畴。只是当西方的坚船利炮将国门打开后，晚清民营印刷出版业才步履蹒跚地缓慢向前发展。

第一次鸦片战争后，西方教会的印刷出版活动非常活跃。它们通过开办众多教会学校、印刷出版大量书籍和报刊等来传播宗教和西学，宣扬西方的思想，使中国传统雕版印刷受到了冲击，近代中国民营印刷出版业受到压制。但是，它们也带来了西方先进的印刷及出版理念、技术、商业意识及企业化经营管理模式等，为近代中国民营印刷出版业的发展培养了一大批人才。

随着太平天国运动和第二次鸦片战争的失利，教会机构的印刷出版活动逐渐弱化了，晚清政府开始通过其官办机构的印刷出版活动及印刷出版物来挽救舆论阵地。与此同时，受西方教会印刷出版机构熏陶的一些有实力的个人开始创办民营书店、书局，以追逐市场利润。

西方的石印技术原本是教会用来印刷出版教会书籍的。但在传教士的指导下，一些华商在上海等地开始采用石印技术创办石印书局，拉开了晚清民营印刷出版业发展的序幕。光绪八年（1882），广东商人徐裕子、徐润兄弟集股创办同文书局，专印中国古籍，并获得了较好的市场利润。此后，扫叶山房、文瑞楼、醉六堂、抱芳阁、文玉山房、千顷堂等传统雕版书局增开石印业务，蜚英馆、鸿文书局、石仓书局、清华书局、龙文石印书局等石印书局也相继开设。

4.1.1 同文书局

同文书局于光绪八年（1882）由徐裕子、徐润兄弟集股创办，是中国人自己集资创办的第一家石印书局，其局址设在当时的上海熙华德路（今长治路）。同文书局备有石印机 12 部，雇员 500 多人，并聘请翰林出身的人来主持，聘请举人或秀才出身的编校人员专事翻印善本古籍。同文书局的规模居当时石印业之首。它先后印刷和出版《二十四史》《古今图书集成》及字画、碑、帖不下数十万本，以及各种法帖、大小题《文府》等数十万部。

光绪十九年（1893）五月十七日，同文书局不慎发生火灾，大批设备被焚毁，损失约 15 000 元。但因入了保险，其生产很快得到恢复。后因印书大量积压，光绪二十四年（1898），同文书局停办。

同文书局在中国近代民营印刷出版业的发展中具有重要的地位。它的首要功绩在于它率先打破了由外国人创办的点石斋印书局独霸石印业的局面，并与宁波人创办的拜石山房书局形成了晚清石印业三足鼎立之势，推动了晚清石印业的发展。

同文书局把握时机及时引进了西方的石印技术，使其印刷出版的速度与质量大为提高，同时也使得书刊的制作成本大大降低。在其存在的 10 多年中，同文书局利用石印技术印刷出版了大量古籍。其石印、影印古籍的古籍善本因印刷精湛、校对精良、一丝不苟、装订考究、字迹清朗，而被称为“同文版”。同文书局搜罗古籍善本为样本，专用石印技术影印古籍，所印《古今图书集成》《二十四史》《资治通鉴》《通鉴纲目》《通鉴辑览》《佩文韵府》《佩文斋书画谱》《渊鉴类函》《骈字类编》《全唐诗》《子史精华》《康熙字典》《快雪堂法书》等数十万本，各种法帖、大小题《文府》等数十万部。其中工程最大的是《古今图书集成》和同文殿版《二十四史》。

同文书局，规模之大、员工之多在同行业中首屈一指，其印刷的有《古今图书集成》《资治通鉴》《康熙字典》等皇皇巨著，堪称当时出版界的大制作，而且它还开创预约图书出版的先河，这在当代的出版业中都不多见。

同文书局的创办只属于石印业初兴的个例。光绪十二年（1886），英商麦利洋行引进的石印机器"可装置煤气火力，一日能印七千余张"，解决了机器动力问题，节省了人力，更加凸显出石印技术的优势。与此同时，国人仿制石印机器及印刷材料者渐多，大大降低了投资者开办书局的成本。在这之后，以上海为中心、以集股经营为主的石印书局蜂起，弥散京津、苏杭、广州各地。开办石印书局的投资者中，除了徐润这样的买办商人，一些有科第功名的上层人物也参与了进来。其中，家资殷实的近代藏书家李盛铎最有代表性。

4.1.2 蜚英馆

光绪十三年（1887），李盛铎在上海创办了蜚英馆，选址会审公廨以北，即南京路附近。蜚英馆成立之初，"向外洋购定印书火轮机十数张，择定英会审公廨前朝北旧房数十幢，不日兴工，重新改造。屋峻墙高，一如西式"，印书机 10 多架、厂屋数十幢，"工人几百名"。蜚英馆内部设有总账房、会客厅、总校室、绘图处、裱书处、钞书处、画格处和描字处，以及照相房、火轮印机房、印稿房、校书房、厅石处、积书处、堆纸处即装订处等机构，"门户分别，井井有条"。

蜚英馆石印出版了清王先谦编辑的《皇清经解续编》一千四百三十卷、《土礼居丛书》《古经解汇函》等大部头丛书，《增广经义备体》等科举用之兔园册子（夹袋书），《三希堂石渠宝笈法帖》《墨池堂法帖》《宋拓九成宫醴泉铭》等金石碑帖艺术类书籍，《长生殿》《儿女英雄传》等古典小说，《说文解字注》《康熙字典》《輶轩使者绝代语释别国方言》等小学类书籍。

蜚英馆成立后，注重推销宣传，市场意识较浓。利用《申报》宣传新印《大题文府三集》：

科举之业，首重时艺。自行石印以来，选本林集而搜罗之富、选择之精未有过于大题文府初二集者，有目共赏何待赘言。然玉韫于山珠藏于渊博采所遗能无缺憾。本局因复详加搜辑，自历科乡会闱墨、各省书苑课艺以及名家著作选集菁华，积年以来共得文万数千首有奇，更延名宿悉心厘订而于初二集，决无重复雷同，洵属有美必臻无体不备，因付石印，名曰大题文府三集，每部装订廿四本，合初二三集，共订六十本。

1887 年 4 月 15 日的上海版《申报》登载其石印书籍广告：

本馆石印各种书籍，现于上海大马路泥城桥东堍朝北建造屋宇，择吉开印，除自印大部秘本外，并可待客刷印各种加藏书籍，惟现在屋宇宽敞，工程虽未告竣，如贵客绅商愿以书籍托本馆代印者，请先惠临大马路鸿仁里长顺晋号面议价值，无不公道，刷印亦极精美也。

关于蜚英馆的衰败，其原因也是多方面的。一方面，由于 1905 年直隶总督袁世凯等“奏请立停科举”获得晚清政府批准，使中国历史上延续1300多年的科举制度最终被废除，从而也使得以服务广大科举人士为重要业务的蜚英馆逐渐失去了购买基础；另一方面，蜚英馆自身因没有及时转型，其营业也日趋萧条，从而被迫停业。

4.1.3 鸿宝斋石印局

光绪十三年（1887）九月，浙江定海人何瑞堂开设鸿宝斋石印局，局址位于上海英租界大马路抛球场旁。浙东人沈静安任鸿宝斋经理。鸿宝斋开设之初，其书局房舍虽然尚未落成，但因其具有较强的市场意识，在《申报》刊登了名为“鸿宝斋石印书馆开设启”的告白，借此制造影响，招揽生意。告白全文如下。

> 昔者黄帝史官观鱼鸟之纹，以作文字。削竹编草，渐开文明。洎乎汉武，承秦灭学之后，开献书之路，置写之官。由是外有常史、博士之藏，内有延广密室之府。图书绵帛，衣被天下。然赤字赤纸，尚存古拙。迨至郑默中经始美，刘向、王俭七志比盛，荀助而宣明鸿都。仅贮中秘，未传人间。后唐明宗始以雕版行世，遂车途同轨，流布亦广。圣清文治之隆，远轶前古，私家著述，可与兰台并列。自海上有石印之设，能以大为小，举重若轻，亦文苑之别派，艺林之谲技也。然风雅之士不深为珍惜者，其必体制校勘未能尽善乎？校勘实典籍之首务，体制乃著作之司命。丹铅之席，岂容溷以屠沽；纂述之林，何可兼收

> 珉石？本斋既知石印之书，可垂久远而未餍海内之心者，其弊在此而不在彼。故机器工作亦复了不异人，惟于校勘体制，精益求精，或庶几胜诸家一筹也。颇思点石之功，上追竹帛汗青之制，撰录之役，亦仿埤苍训诂之精，冀以传播海内，乖声后世。岂仅为利市起见哉？局设英界马路之间，地处洋商抛球场。西枕白泖，东面黄浦。爰创始乎重九，待观成于孟冬。此登报伏赐朗见。

鸿宝斋最初仅有石印局一处，最迟在光绪十五年（1889）开设了鸿宝斋分局。书局负责印刷，为主；分局负责发行，为辅。鸿宝斋分局不仅仅发售鸿宝斋书局石印的各种书籍，同时也销售他局之书，且不限于石印，铜版、铅印等书籍亦有发售。例如，光绪三十一年（1905）前所印《上海鸿宝斋分局发兑各种石印书籍》称：

> 发售自印各种经史子集，兼售各局铜、铅、石印书画、图帖。

4.1.4　扫叶山房

石印书局蜂起，无形中会给传统书坊造成生存压力。部分有眼光、有实力的书坊此时也在着手完成自我改造。

扫叶山房是一家历史悠久的传统书坊，最初创于明朝万历年间，先设店于苏州阊门外，所刻板心均有“扫叶山房”字样。其经营者席氏，先世居苏州洞庭东山，于明末清初购得常熟毛氏汲古阁书版而设此扫叶山房。其命名缘由据说有两个：其一，表示刻校书之不易，引用古人“校书如扫落叶，随扫随落”

的含义来名其书坊；其二，当地原有一刻书家叶氏，甚为有名，席氏为与叶氏相争，遂名“扫叶”。

虽在道光和咸丰年间，扫叶山房一度因战乱等原因短暂关闭。但同治之后，它又马上重振旗鼓。1862—1874 年，扫叶山房在上海彩衣街设分店（南号）。光绪六年（1880）它在上海棋盘街设分店（北号），发展成当时上海最大的书店。后以上海棋盘街北号为总店。

同时，它还与江左书林联号经营，具有一定的规模。石印业兴起后，扫叶山房积极购进机器，改变了雕版印刷的手工业生产状态。这使得它不至于轻易被时代淘汰，依然在后来的几十年间具备与同业抗衡的实力。

总体来说，由于采用西方石印技术，晚清这一阶段民营印刷出版业的发展在印刷出版技术上有一定的革新，也带来了印刷出版内容上的一些新变化。此时，民营机构石印的图书种类也由原来的经史子集开始向通俗小说、唱本、地图等老百姓喜闻乐见的方向延伸。这些都在某种程度上对晚清教会印刷出版业和官办印刷出版业形成了一定的威胁，使当时的底层人能够以相对低廉的价格购得满意的书籍。但在启迪民众、推动社会思想进步等方面，民营印刷出版业在这一阶段所发挥的作用还是比较微弱的。虽然它们也翻印了诸如《西方自强丛书》《西政丛书》《西学达成》等一些介绍西方文化思想的书籍，但其石印出版物的内容主要还是在传统科举方面。相较于传统的印刷出版业，民营印刷出版业在这一阶段还主要是在技术层面上进行革新，而没有拓展新的印刷出版市场，更没有给当时印刷出版业整体带来巨大的颠覆和改变，更谈不上对社会科学、文化、思想的转变起到发挥引领作用。

4.2　晚清民营印刷出版业的蜕变

随着 1894 年甲午战争的失败，晚清中华民族陷入了巨大的灾难，民族危机加重。国人开始意识到向西方学习的必要性和紧迫性。光绪二十四年（1898）以康有为、梁启超为代表的维新派人士通过光绪帝进行倡导学习西方，提倡科学文化，改革政治、教育制度，发展农、工、商业等资产阶级改良运动，史称“戊戌变法”，又称“百日维新”“维新变法”“维新运动”。光绪二十七年（1901），在慈禧太后的默许下，晚清政府进行改革，改革内容多与戊戌变法近似，但比戊戌变法更广、更深，史称“清末新政”，又称“庚子新政”“庚子后新政”。围绕维新运动和清末新政主题的宣传和组织活动也逐渐开展起来。

在这样的大背景、大环境下，许多仁人志士积极以报纸、图书、期刊等宣传工具，鼓舞民气，翻译大量西方著作，引进西学，启蒙新知。由此，民众对西学的巨大需求催生出新的印刷出版市场，民营印刷出版业在这一阶段经历了井喷式的发展，各地新的民营书局接踵而起。据统计，仅维新运动后的三四年间，在上海先后创办的民营书局就有 10 余家。民营印刷出版业在这一阶段涌现了商务印书馆、中华印务总局、广益书局、文明书局等许多近代史上著名的印刷出版企业。此时，随着民营出版企业数量的增多，各书局为了增加市场竞争力、加强彼此之间的业务沟通和联络，在印刷出版业相对较为发达的北京、上海等地建立了书业商会。例如，1904 年 11 月，北京书业商会成立。1905 年，上海书业公所与上海书业商会几乎同时成立。其中，上海书业公所有会员 100 余家，包括印书局 58 家。而上海书业商会成立初期，就有 22 家印刷出版企业，几乎囊括了当时上海著名的印刷出版机构，如商务印书馆、开明书店、时中书局、点石斋书局、文明书局、小说林、广智书局。这些都表明，此时的民营印刷出版业已经成为晚清印刷出版业的中坚力量，其印刷出版主体的地位也因此得以确立。

民营印刷出版业者对外国人经营的印刷出版机构所蕴含的器物、制度、经营方式等元素进行了选择和采借，促使民营企业的印刷技术和印刷出版物的内容得到更新，民营印刷出版业得到极大发展。一方面，从业机构或企业的数量在迅速增长。另一方面，从印刷出版书籍的类型上来说主要有三个趋势：西学书籍的大量翻译、印刷及出版；新型教科书的印刷、出版与推广；反映平民文化的大众小说等通俗读物的印刷与出版。

这一阶段，民营印刷出版企业还采用企业化经营管理方式，积极印刷出版贴近社会思潮、有益民生的新书籍，从而获得市场利润。

4.2.1 商务印书馆

商务印书馆于1897年在上海成立，创办人为夏瑞芳、鲍咸恩、鲍咸昌、高凤池等。创办之初，它还是一个合伙经营的小型印书坊。关于它的创立，高凤池曾经说道：

> 甲午失败之后，痛定思痛，变法自强，废科举、兴学校，差不多是朝野一致的主张。正是维新时代，小印书坊设得也很多，机会极好，所以说商务印书馆的成功半由人事半由机会。

创办之初，夏瑞芳、鲍咸恩、鲍咸昌、高凤池等人共筹集资金 3750 银元。他们利用这笔资金购买了简单的印刷机器和设备（2 台手摇印刷机、3 台脚踏圆盘机和 3 台手摇压印机），租了 3 间房子。早期，商务印书馆以承印名片、报表、广告、账簿等为主要业务。同时，它也与广学会、南洋公学等合作，为他们印刷书籍。后来，随着西学东渐逐步深入和维新运动开展，夏瑞芳等人认为：

泰西文字实以英文为最，大抵有浅入深，亦端赖有善本以备揣摩，学者始能获益。

因此，他们延请牧师谢洪赉采用汉英对照的方式编译了《华英初阶》《华英进阶》这两本学习英语的初级教材。新的译本一扫之前没有中文译注的不便，为当时如饥如渴向西方学习的国人提供了极大的便利，一时“行销极广，利市三倍”，供不应求。“两书经过几次改译，流行了十几年，这是商务印书馆经营出版事业的开端”。正是这次编译的成功为商务印书馆向印刷出版业的转型提供了重要的契机。

随着业务的拓展，第二年商务印书馆又增资 1000 银元，在北京路顺庆里设立了新工场，扩充设备，改手摇机为煤油发动机拖动。1900 年，印有模出资收购了日本人在上海所设的修文印书局。1901 年，商务印书馆改为股份有限公司，资本增至 5 万元，印有模成为主要股东之一。由此，商务印书馆采用修文印书局全部新式印刷机及铅字等器材，大大提高了其生产能力和技术水平。1902 年，商务印书馆规模再次扩大。张元济入股，并主持编译工作。

> 自是厥后，商务印书馆始一改面目，由以印刷业为主者，进而为出版事业。其成为我国历史最长之大出版家，实始于张君之加入。

1903年，商务印书馆建立了编译所、印刷所、发行所，并与日本金港堂合资经营，资本各10万元，资本大增，并引进了日本先进印刷技术。这标志着商务印书馆编、印、发一体的运作体系基本建立。

1905年，商务印书馆资本达到100万。而据统计，1901—1910年，当时国内资本达100万的企业仅有15家。商务印书馆以此雄厚的实力跻身于当时国内工业15强之列。

商务印书馆凭借其敏锐的时代嗅觉，能准确捕捉时代的脉动，把握选题的先机。1902年，晚清政府始兴学制，商务印书馆便适时把经营重点转移到教科书的编纂、印刷和发行上来。1903年，商务印书馆未雨绸缪，在科举制度正式废止之前，由张元济主持编印了《最新教科书》，该书是我国第一部具有现代意义的教科书。另据《商务印书馆1903年新书广告书目》记载，商务印书馆1903年所经营的书目有华英字典系列、英文教科书系列、汉文教科书系列、和文教科书系列、政学丛书、历史丛书、地理丛书、财政丛书、普通学问答书系列等。1904年，商务印书馆编印了《最新国文教科书》，首册出版，三日告罄，“未及数月，行销至十余万册”。1906年，学部第一次审查初等小学教科书，共计106册，民营84册，占比80%，而其中54本由商务印书馆编印出版。此后，陆续编印修身、算术、史地、英语等教科书，兴办师范讲习班、附属小学、养正幼稚园及函授学校，还出版各种中外文工具书、刊物和学术著作。

晚清时期，商务印书馆主要通过在各地开设分馆实行直销的方式来打开市场。据《商务印书馆110年大事记》记载，商务印书馆从1903年在汉口开设第一家分馆开始，1906年在天津、奉天、福州、开封、重庆、安庆设分馆，1907年在广州、长沙、成都、济南、太原、潮州设分馆。至1909年，商务印书馆的分馆已经延伸至京师琉璃厂、天津金华桥、奉天钟楼北、龙江南大街、太原东羊市街、济南西口大街、西安马坊口、开封西大街、成都青石桥、重庆白象街、泸州钮子街、汉口黄陂街、长沙黄道街、常德常清街、南昌磨子巷口、杭州清河坊高银巷口、福州南大街、广州双门底、潮州军厅巷等地。

4.2.2 中华印务总局

中华印务总局成立于同治十二年（1873）正月，主要发起人为王韬、黄胜。

王韬，字紫铨，号仲弢、天南遁叟、蘅花馆主等，道光八年（1828）出生在苏州一个普通的私塾之家。四五岁时由其母朱氏口授字义，八九岁即通说部，后毕读群经，旁涉诸史，18岁时考取秀才。1849年应英国传教士麦都思之邀，进入墨海书馆任中文编校工作，参与编撰《六合丛谈》。同治元年（1862），因涉嫌与太平天国牵连，王韬遭到清政府的通缉，不得已辗转潜逃中国香港，协助理雅各布翻译中国典籍，一度主编《近事编录》，1867—1870年随理雅各布到英国"佐译经籍"，又两度游法。王韬前后去往国外旅行三年，游历了新加坡、马来西亚、埃及、意大利、法国、英国、苏格兰等地，对西方资本主义社会进行了直接考查，也目睹了西方现代文明和印刷出版业对政治、思想方面所起的重要影响。

黄胜于道光七年（1827）出生于广东香山县，1841年前往中国澳门，入读马礼逊纪念学校（Morrison Memorial School）。翌年，清廷在第一次鸦片战争中败于英国，并签订《南京条约》割让香港岛予英国，黄胜遂随校迁到香港生活。在包朗牧师（Rev. Samuel Robbins Brown）的带领下，黄胜于1847年1月4日乘船从上海出发，并在同年4月12日抵达美国，入读麻省孟松学院（Monson Academy），但黄胜仅待了一年，就因为水土不服，被迫在1848年返回香港。黄胜前往美国时正式受浸为基督徒，返港后则成为伦敦传道会的会众。黄胜返港后，在曾赞助他到美国留学的《德臣西报》创办人萧德锐（Andrew Shortrede）安排下，获该报聘用，学习印刷，后来还参与过编辑工作。黄胜在1853年获英华书院印刷所聘任为监督，以协助伦敦传道会承印及翻译新创办的《遐迩贯珍》。此外，黄胜亦有协助书院的理雅各牧师翻译《四书》成英文，该书在1861年印行时，理雅各牧师更特别地在序言中向黄胜致谢。在丁日昌的引荐下，黄胜有机会在1864年前往上海同文馆掌教英文。到1867年，黄胜协同唐廷枢到香港国家大书院招揽学生，安排学生到福州船政学堂深造，但不久因故辞职返港，并重新于英华书院印刷所工作。

通过理雅各牧师的关系，黄胜认识了因避难来港的洋务学者王韬，王韬曾协助理雅各翻译《尚书》，又与黄胜合作，翻译《火器说略》，专门介绍西方兵器，并分别讲授“炼铁”“造模”“置炉”“钻炮”及“验药”各大范畴。《火器说略》一书后来由王韬进呈曾国藩的幕僚丁日昌及淮军统领李鸿章，深受赏识。

中华印务总局最初的地址不详，新迁地址在中国香港荷里活道门牌第二十九号。关于中华印务总局的新迁地址，1873年《香港华字日报》的告白有所描述：

本局自备办印务以来，业经三阅月矣。兹已迁至荷里活道门牌第二十九号，即前日新兴记丝行旧址，梳沙印字馆对门。

1871 年，因传教士理雅各（James Legge，1815—1897）所译的儒学经籍印刷完毕，建于英华书院内的伦敦传教会印刷所决定停办。时任印刷所总监的黄胜与王韬合议，决定承购英华书院的这部分印刷器材。

虽然伦敦传教会印刷所的停办为中华印务总局的成立提供了契机，但王韬《普法战纪》的撰成真正导致中华印务总局组建，并将其提上议事日程。因《普法战纪》的一些内容事先在《香港近事编录》刊载，而书成后其抄本又在部分官员及王韬的亲朋好友中传阅，故产生了较大反响。因此，对王韬非常赏识的冯明珊、陈桂士等港商首先集议醵资刊刻《普法战纪》，并委托王韬好友、广东南海人梁鄂撰成《征刻王紫诠先生〈普法战纪〉启》，在《香港近事编录》刊出，为之征募资金。中华印务总局的组建活动很可能由此而启动。

中华印务总局的具体业务主要分为两部分：刊印《循环日报》；刊印各种书籍，同时代印各种告白。此外，其创办初期还出售过铅字活版。《循环日报》创办不久，因报纸铅字用字紧张，该业务即告停止，不久又再行恢复。对于这些具体业务，早期中华印务总局刊出的告白都曾作过广泛宣传。例如，早期中华印务总局刊出的告白对其成立伊始的印书业务这样介绍道：

本局专印活字版各种书籍，无论唐番字样，悉为代印。

同时，它又在介绍承印告白和出售铅字的业务时说：

如告白招贴承揽合同，无论唐番契卷，各样款式，均可代为印出，刻期竣事。……或有艺苑名流，书林雅士，欲购买铅字活版，则本局可为制造铜模，浇铸铅字。

中华印务总局成立后聘请了王韬等人创办《循环日报》。《循环日报》创办于1874年，在当时是一份支持变法、销量较大的报纸。《循环日报》的创办及发行极大地推动了中华印务总局的扩建和发展。

中华印务总局是一家集资参股性质的印刷出版机构。《循环日报》创办初期所刊中华印务总局的一些告白，即明确以“中华印务局值理人”梁安、冯明珊、陈桂士等人的名义发布。虽然，值理人不完全等同于股东，但对于有一定财力基础、热衷香港华人公益事业的港商梁安、冯明珊、陈桂士等人来说，出资组建中华印务总局是情理之中的事情，因此，梁、冯、陈三人所担任的中华印务总局“值理人”，实际上就是该局的股东角色。此外，王韬1880年所撰《弢园老民自传》，即有“癸酉，香海诸同仁醵资设印局”一说。这说明中华印务总局的成立是香港多位同仁集资组建的。

中华印务总局的参股营业性质，决定了它的双重性身份。一方面，中华印务总局是一个香港同仁醵资组建的资助性质的团体组织；另一方面，它同时又是一家从事实际业务的营业机构。因此，在业务选择和人事安排等大致方针方面，作为资助团体性质的中华印务总局，必然对从事实际业务的中华印务总局和《循环日报》拥有相应的决定权。如创办《循环日报》的决定，就是中华印务总局诸同仁在该局成立之初确定的。前举同治十二年四月二十一日中华印务总局的告白中即明确说：“拟于此后倡行日报，每日颁发。”

作为“股东”团体性质的中华印务总局日常只设“值理”席位，而中华印务总局的实际业务由“总司理”和“正主笔”主持完成。

4.3　晚清民营报刊业的发展概况

晚清民营报刊业也迅速成长起来，发展为晚清报业中的主力，并显示出强大的辐射功能。

据考察，国人民间投资创办的第一家报刊是 1857 年在中国香港创办的《香港船头货价纸》（后改为《中外新报》）。戈公振曾指出，《中外新报》“名为《开刺报》所有，实为华人单独主持，所有一切经营权利，皆属华人，而《开刺报》只每年享有若干权力，以为报酬而已”。

在内地出现较早的则是 1873 年在武汉创办的《昭文新报》以及 1874 年 6 月 16 日创办的《汇报》。如《汇报》就是“为中国第一留美学生容闳所发起，集股万两”兴办的，“投资者多粤人”，主要是官僚士大夫，如招商局总办唐廷枢就曾予以赞助。诸如此类的还有《述报》《广报》以及香港的《循环日报》《华字日报》等。

如果说洋务运动期间是民间资本注入晚清报刊的起始阶段，那么其发展阶段应在维新变法时期。允许民间自由办报是维新变法期间的重要举措。在民间资本的推动下，甚至出现了国内第一次办报高潮。报刊在创办中得到了比较开明的封建官僚士大夫的投资帮助。如康有为在创办《中外新报》（前身为《万国公报》）时，初期为康有为独资创办，后康有为盘缠将尽，有陈炽等人慷慨相助。由此可见，变法前，民间资本注入晚清报刊，得到了当时权势者的入股和资助，才得以生存。到了百日维新期间，官僚士大夫入股和资助报业这一特点则更加明朗了。戊戌变法失败后，维新志士创办的民间报刊几乎全部夭折，民间资本的积极性遭到腐朽清廷的重挫。从 1901—1911 年，清政府推行“新政”。在此期间，民间资本摆脱了戊戌变法失败后的束缚，在报刊领域更为活跃，遂演绎为民间资本注入晚清报刊的高峰阶段，形成国人办报的又一次高潮。党派以及具有党派倾向的社团和个人成为民间资本入注报业的主体。随着政治党派的出现，党派报刊在这一时期迅速壮大，与党派相关的社团和个人也纷纷投资用于办报。晚清民办报刊的发展情况见表 4-1。

表 4-1　晚清民办报刊发展情况

年份	民办数量 / 家	民办比例 /%	年份	民办数量 / 家	民办比例 /%
1895	1	33	1902	22	76
1896	1	11	1903	22	73
1897	3	30	1904	37	64
1898	26	76	1905	20	56
1899	4	40	1906	40	90
1900	7	67	1907	31	74
1901	11	50	1908	41	85

从表 4-1 可知，在近 14 年的发展时间内，甲午战争时期，国内民办报刊只有 1 家，经过了维新变法时期的发展后，在政变失败后回缩至 4 家，到了清末新政时期，数量又急骤增加，在鼎盛时期多达 40 家，比例高达 90%。

从 19 世纪 70 年代起，就有人开始了自办报刊的尝试。同治十二年（1873）艾小梅于汉口创办《昭文新报》；次年，王韬的《循环日报》问世香港；紧随其后，留美学生副监督容闳发起并集资合股在上海刊行《汇报》；光绪二年（1876），上海道冯焌光掌控的《新报》创刊；19 世纪 80 年代，又有《述报》及邝其照的《广报》接踵出现。这些报刊大多表现出对国族命运的关注，《述报》热情洋溢地报道中越人民抗法战争的每次胜利，强烈谴责侵略者；《汇报》则站在民族立场与外商报纸《德臣报》《字林西报》《申报》展开笔战；《广报》也偶露传媒本色揭批官僚腐败，“辩言论政”；更有《循环日报》成为宣传改良主义的讲坛。然而，在半殖民地半封建社会的中国，可供报人自由言论的空间实在有限，上述报刊除《循环日报》因地处中国香港而幸免迫害外，大多半路夭折，《汇报》只出版了一年半，《昭文新报》《述报》存在尚不足一年，《新报》《广报》算是较长的，也只出版了五六年，终于难以为继，一个自动停刊，一个以“妄谈时事，淆乱是非”的罪名被地方当局查禁了事。晚清民间创办的主要报刊见表 4-2。

表 4-2　晚清民间创办主要报刊一览表

报刊	创办时间 / 年	创办地点	创办者	备注
《算学报》	1897	上海	黄庆澄	月刊
《农学报》	1897	上海	罗振玉	半月刊，后改为旬刊
《格致新报》	1898	上海	朱开甲、王显理	旬刊
《亚泉杂志》	1900	上海	杜亚泉	半月刊，后改为月刊
《科学世界》	1903	上海	虞辉祖	月刊
《绍兴医学报》	1908	吉林	裴吉生	月刊
《地学杂志》	1910	北京	张相文	月刊
《中西医学报》	1910	上海	丁保福	月刊
《医学报》	1904	上海	周雪樵	半月刊

4.4　晚清民营印刷出版业的发展特点

晚清印刷出版业在新旧并存的大格局下，涌动着革故鼎新的潮流。教会印刷出版业和官办印刷出版业虽然并没有完全消亡，但毕竟已经不是时代的主流了。变革与转型成为晚清印刷出版业最为显著的特征，以商务印书馆为代表的民营印刷出版业逐渐崛起并成为主流。其发展主要有以下特征。

（1）民营印刷出版机构的数量迅速增长。例如，1896—1911 年，仅在上海就有 100 多家印刷出版机构出现。

（2）带来了印刷出版格局的变化。民营印刷出版机构借助维新变法后日益觉醒的知识分子纷纷译书著书、大力宣传自己的政治观点和主张的有利时机而勃然兴起，逐渐取代教会印刷出版机构和官办印刷出版机构而成为传播西学、唤醒民众的主要阵地。例如，1906 年加入上海书业商会的印刷出版机构已有包括商务印书馆、启文社、开明书店、点石斋书局、广智书局、文明书局等 22 家。

（3）从印刷出版书籍的类型上来说主要有三个趋势：西学书籍的大量翻译、出版；新型教科书的印刷、出版与推广；反映平民文化的大众小说等通俗读物的印刷与出版。

作为最大热点之一，西学书籍被民营印刷出版机构大量翻译、出版。1900—1901 年，我国共翻译出版 1599 种西学书籍。这些翻译书籍，主要译自日文、英文、法文、德文、俄文或其他语种，尤其以日文居多。据统计，1902—1904 年，译自日文的书籍达 321 本，占总翻译书籍的 60.23%；而译自欧美的书籍仅占 39.77%。译著的范围涉及哲学、伦理学、法学、政治学、历史学、文学、物理学、化学、生物学等社会科学和自然科学的各个方面，系统而广泛地介绍了西方资产阶级政治、经济学说和自然科学成果，引进了进化、平等、民主的思想，极大地推进了中国近代思想启蒙运动的形成，也为资产阶级民主革命提供了理论基础。《辛丑和约》后，由于革命的呼声越来越高，革命书籍在上海、汉口等地大量出版，特别是上海，由于其特殊的政治格局而成为宣传革命的大本营。

此外，由于晚清教育体制变化等原因，民营印刷出版机构还大量印刷、出版和推广新型教科书籍和反映平民文化的大众小说等通俗读物。

（4）民营印刷出版业的进步速度较快。民营印刷出版业虽然在晚清维新运动之前还赶不上教会印刷出版业和官办印刷出版业，但在晚清维新运动之后其发展速度比教会印刷出版业和官办印刷出版业要迅猛得多。尤其是在 1905 年前后，晚清印刷出版业的重心完成了从教会印刷出版业和官办印刷出版业到民营印刷出版业的转变。

（5）从印刷出版的组织形式上说，民营印刷出版业的股份制企业形式已经出现，并日益发展。1903 年 11—12 月，商务印书馆股份有限公司成立。这家 1897 年由几人合伙投资的企业，受现代企业制度的影响，适应自身扩大经营的需要，首先在上海出版业中使用股份有限公司的形式。

（6）民营印刷出版业融资方式多样化，主要有以资本金入股、以稿酬等入股以及以厂房、机器等入股。

商务印书馆最初开办时候的资本，据高凤池在《本馆创办史——在发行所学生训练班里的演讲》一文中所记载，实在的资本数目是 3 750 元。大股东是当时的一位天主教徒沈伯芬，共认两股，计洋 1000 元。其余的股份由鲍咸恩、鲍咸昌、夏瑞芳、徐桂生四位先生各认一股，高翰卿、张蟾芬、郁厚坤三位先生各认半股。

在之后发展过程中，商务印书馆经历了 1903 年和 1905 年两次和日本人的合资后，业务发展顺畅，经济效益日好。期间，商务印书馆不断扩大投资，中日股东和职员都积极认股。商务印书馆将每股百元改为二十元，让员工也成为小股东，作为公司的一分子，以增强他们工作的热情。据记载，当时商务印书馆经营得法，利润大，股东最高得官利、红利达到 40%，再加公积金 5.4% 和年终资产盘点，股东实际所得超过 50%，所以便以入股为交际官场、学界和笼络员工的手段。

当时的许多民营出版机构还注意吸收官僚资本。如据商务印书馆《光绪三十一年十二月非常股东会》记载："现有京、外官场与学务有关，可以帮助本馆推广生意，又助本馆办事之人格外出力，拟酌留三万余元股份，任其附入。"另据《商务印书馆股东会议录》中所记，在宣统元年闰二月商务印书馆股东年会上，经张元济提议，添收股五万元，以"联络各省官绅""俟有各省官绅对于本公司有扶助保护之利益者，即由董事局酌议收股若干，以期得力"。

以厂房、机器等入股的融资形式多出现于出版机构的发展早期，旨在引进新技术，扩大规模，加快发展速度。商务印书馆第一次与日本的合作即是如此。1900 年，商务印书馆经上海最大的纱厂老板之一印有模介绍，得到消息，知日本人开设的修文馆因经营不善，要低价盘出，遂以一万元低价盘入修文馆印刷器械。而印有模因参股其中，也因此成为商务印书馆的一大股东。这一合作，不仅使商务印书馆成为一家拥有先进印刷设备的企业，日本技师也随之而来，加强了技术力量和生产能力。

这次增资完成于 1901 年夏天，商务印书馆原有资本 3 750 元，四年半中没有分过股息、红利，估值升值 7 倍为 26 250 元，张有楧、印元济两位投资 23 750 元，共为 50 000 元。

1903 年农历十月初一，商务印书馆与日本人合资，对方是金港堂大股东原亮三郎和三本条太郎、加藤驹二。股本共计 20 万元，日方投资 10 万元，商务原有资产仍按 1901 年第一次增资时的 5 万元不变，再增 5 万。1905 年农历二月商务两次增资，一次老股有增资权，另一次还供有关人员包括得力员工认购股票。

据《商务印书馆股东会议录》记载，光绪三十三年（1907）四月股东常会上，因拟添设分馆三处，推广生意，购置地基、建造厂屋等，用款较多，故“拟加收股份洋三十四万六千五百元”“器械馆并入股份二万五千五百元”，并“准由各股东及有关于本馆利益之人认购约二十四万余元”。

在 20 世纪初期，中国的民营出版业虽然市场繁荣，但资本力量和整体规模亦相差较大。许多出版机构为了生存需要，在资金筹集方面各有其法。其中，以作者和编译者的稿酬作为股本，使其成为出版机构一分子的即为其中一种融资方式。

商务印书馆也有部分这种方式的融资。1903 年 10 月，商务印书馆与日本人合资，商务印书馆方面新增股东大都是著译者和员工，有严复、谢洪赉、艾墨樵、沈知方、沈季方、高凤岗、张廷桂等。严复到 1910 年共有股本 27 400 元（包括升股和增股）。从他日记中所记的股息数计算，他共占商务总股本的 3.48%。

（7）营销方式。

从“前店后厂”的营销模式逐渐向连锁销售转变。当时出版社基本上还是停留在前门开店、后院生产，自产自销的经营模式上，因此在近代前期以民营出版业起步阶段没有一个专营图书销售的全国性连锁机构。直至1900年后近代的民营出版家才开始注重网点的建设，设立自己的全国连锁式机构分销馆和零售店。商务印书馆一直到光绪二十七年（1901），才在河南路交通路口设立发行机构，名叫“沧海山房”，销售自己出的几本书，也代销一些串换来的同业的出版物。商务印书馆于1903年在汉口设置分馆，1906年在天津、北京设分馆，并确定其主业在于销售总馆所出图书。

营销策略是体现市场化程度的一个重要因素，随着媒介传播形式的近代化，借助媒体进行广告宣传便成为近代图书业一种最直接的形式。光绪三十年（1904）一月，商务创刊《东方杂志》，利用空余篇幅，刊登本馆广告，效果良好。商务还经常在报纸上刊登广告。宣统元年（1909）一月制订《敬赠学堂教科书样本章程》，在报刊上告示，赠书规模颇大，影响深远。

充分运用和依靠社会资源加强图书的营销工作也是体现出版社实力的一个重要方面，特别是在具有半垄断资源的中小学教科书，对政府资源的利用就更体现出来了。光绪三十一年（1905）十二月二十二日，商务印书馆在一次股东会上，决议“现有京外官场与学务有关可以帮助本馆推广本馆生意，又于本馆办事之人格外出力，拟酌留三万余元股份任其附入”。为此还发生过政府查处教科书的贿赂案件。

重视读者的服务工作，提升服务质量。光绪三十四年（1908）四月初六，商务印书馆在上海一品香召开股东会，会上张元济提议“发行所星期日应照常贸易，其他部门仍休息”。商务职员与股东中多为教会中人，会上反对的颇多。后来决议投票决定，是日实到股东 39 人，张元济的提议终于以 2148 股权反对，2930 股权赞成而获通过。后来改为除春秋二季开学期内，星期日营业。

重视吸纳和培养人才。从张元济自 1902 年接任编译所所长以后的工作日记中，占很大篇幅的就是人才的吸纳和使用，其中提到的人名不计其数。张元济主政时一大批学有所长，满怀各自文化志向和抱负的读书人集聚商务印书馆，也正是凭借这批英才，商务印书馆成功地经历了一场由“印书馆”向现代出版企业的巨大变革。商务印书馆于宣统六年（1909）创办了商务印书馆附设商业补习学校，即主要为培养发行人员而设，所以附有“商业”字样。学校于该年 7 月 26 日首期开学。

4.5　小结

晚清时期，以商务印书馆等为代表的民营印刷出版业逐渐崛起，并确定了其在近代印刷出版业的主体地位。这不仅带来了印刷出版业生产关系的变革，印刷出版业的活力以借助民间文化力量的参与和民间资本的运作而得到最大限度地释放。同时，民营印刷出版机构更多地从商业经营的角度出发，积极利用新型的印刷出版技术，提高印刷出版生产力，密切关注市场需求动态，印刷出版大量推动时代变革的新知识内容读物，努力扩大规模，引进资本主义生产方式。

晚清民营印刷出版业的发展，不仅催生了近代一种新的实业，而且它本身就是时代政治、文化潮流的感应器。在民族危机不断加重、各种政治势力斗争日益复杂的形势下，各种政治力量以及国家民族命运的知识分子，都纷纷拿起印刷出版作为斗争武器，或为救亡图存，或为启蒙呐喊，或为政治宣传，或为民生请命，不同的印刷出版目的和印刷出版要求，演绎了近代印刷出版文化的多姿多彩。印刷出版作为近代中国文化变局的一部分，影响着国民生活的知识摄取、文化休闲和思想改造等方方面面，融入近代文化潮流中，进而推动中国近代化的历史进程。

第5章　晚清造纸业的发展与商业化

造纸术是我国古代“四大发明”中最早的一项发明，它不仅对人类文明的发展作出了杰出贡献，并且至今仍在人们生产和生活的许多领域中发挥着重要作用。

在造纸术发明以前，人们主要以龟甲、兽骨、金石、竹简、丝帛等作为书写材料。东汉元兴元年（105），蔡伦在前人造纸术的基础上，把制成的植物纤维纸献给汉和帝，“帝善其能，自是莫不从用焉，故天下咸称‘蔡侯纸’”。蔡侯纸的发明是书写材料的一次巨大变革。但此时纸的利用范围还很小，简牍仍是主要的书写材料。

魏晋南北朝时期，传统手工造纸业有很大发展，纸张已经取代帛简成为主要书写材料，除了麻纸外开始出现了皮纸，对纸的加工开始讲究，并有了染色纸。

隋唐五代时期，随着国家的统一、经济的发展以及雕版印刷术的发明，传统手工造纸业空前繁荣，官私造纸作坊遍布各地，出现向全国范围普及的局面。同时，造纸术也开始向国外传播。

宋元时期，传统手工造纸业全面成熟，造纸原料的来源逐渐扩大，竹纸、麦茎纸和稻草纸等造纸技术的革新不断出现，生产设备普遍有所改进，加工技法也有所创新。

明代至晚清以前，传统手工造纸业在造纸原料、技术、设备和加工等方面全面发展。尤其是明代，其纸的质量提高；造纸原料品种增多，麻、木、竹、秸都被用来造纸；纸的种类增加，绘画纸、官柬纸、油纸等都可以制造；产地亦几乎遍及全国，其商品量及行销区域扩大，已进入长距离运销。清代造纸业曾一度下降，但自康熙朝始，随着社会需求的增大，造纸业又很快发展起来，各种手工纸的制造及加工，在明代造纸业基础上又有所前进。

清代康乾时期，江南圆网造纸机原理制成的圆筒侧理纸可以说是世界上最早的机制纸先驱，但这一重大创举在晚清并没有普遍发展下去。晚清，传统造纸业仍然停留在手工生产阶段，在造纸工艺和设备等方面并没有本质性的技术突破。反观欧洲各国，它们在 17 世纪和 18 世纪接连出现了两次科技革命。其造纸业在新的科学技术的武装下，出现了资本主义机器大生产的格局。随着新式机械打浆机发明于 1750 年、长网造纸机发明于 1798 年、机制木浆发明于 1850 年、白色稻草制法发明于 1854 年、化学木浆制法发明于 1860—1874 年，欧洲的造纸业实现了从手工生产向机器大生产的转变。

1840 年以后，随着中国逐渐沦为半殖民地半封建社会，由于“洋纸”的不断输入和倾销，再加上自身生产效率较低、生产成本较高等原因，传统手工造纸业受到巨大冲击。而随着木浆造纸技术的成熟和机械印刷技术的传入，“洋纸”质优价廉的优势逐渐显现，其用途日益广泛，进口数量也不断增加，机器造纸业逐渐兴起。因此，晚清造纸业出现了传统造纸业和机器造纸业并存发展的局面。

面对此种情况，晚清开始从西方引进技术和设备，以组织其机制纸的生产。1884 年，曹子俊等人创办了上海机器造纸局，1892 年改组为伦章造纸厂，资本为 30 万两银，每月产纸 40 万斤。1890 年，广东商人钟星溪在广州盐步村集股创办了宏远堂机器造纸公司，引进了英国爱丁堡伯川公司（Bertram & Son Co., Ltd.）生产的机器，资本为 15 万两银，预计每周生产 40 吨纸。此后，各地新式机器造纸工厂也逐步兴建起来。

然而，晚清机器造纸业在面临着传统手工造纸业竞争的同时也要应对“洋纸”的冲击，其发展之路异常坎坷。

5.1　传统手工造纸业的发展

清初，传统手工造纸业曾一度受到破坏。但从康熙、乾隆时起，清初遭到破坏的资本主义萌芽再度兴起。这也为晚清传统造纸业的发展带来了新的生机，手工纸的产量、品种和质量均有进一步的发展。

在以前发展的基础，晚清传统手工造纸业主要有以下特点。

5.1.1 按照造纸原料和纸张用途的不同，晚清传统手工纸具有不同的种类

按照造纸原料的不同，大致可分为竹纸、皮纸、麻纸、草纸。其中，竹纸以山竹为主要原料，皮纸以桑、楮、桦、檀等树皮为主要原料，麻纸以麻为主要原料，草纸以稻草、麦秸等为主要原料。而它们因制作工艺、工序、用途等不同又有多种名称。例如，重庆府江北厅乡间沿山多种竹，用以造纸。据道光《江北厅志》记载:“纸,仁里自黄家滩一带,义里后河一带,分水岭至苟一带,礼里东山一带，山谷俱出之。”

按照纸张用途的不同，晚清传统手工纸还可分为生产用纸和生活用纸。其中，生产用纸可以用于制伞、扇，育蚕种，各种包装用纸。生活用纸又可细分为文化用纸，如印刷、书写、绘画纸等；生活实用纸，如卫生、糊墙窗等；迷信用纸。

5.1.2 造纸产地增加，制作工艺有所改进，纸张质量有所提高

一些原来不产纸的地方也发展起造纸业，如陕南、广西、湖南的一些山区。一些传统纸的制造工艺有一定改进，纸的质量有所提高。如安徽宣纸，其制造工艺改进，耐折度很强，保存很久的字画仍可揭起重裱。纸的品种增加，又有虎皮宣、珊瑚宣、玉版宣等彩色宣纸。

5.1.3　民间造纸业广泛发展

清代，官府用纸已基本上改为直接由市场上购买，每年派由各省解交的各种纸张，均由各省“动正项买办”。一些特殊规格的纸则由官府出钱向民间纸坊定购，如四川夹江县所造文闱卷纸，就是由官府发银定造。

5.1.4　造纸生产分工发展，出现了地域分工与行业内分工的现象

《闽产录异》中所记各种扣纸、京纸都是具有特色的地方产品。浙江富阳县产各类纸张，竹纸“出南乡”，各种竹纸中又以“大源之元书为上上佳品，其中优劣半系人工，亦半赖水色，他处不能争也”；草纸出南北各乡，“北乡者佳”，皮纸出西北乡，桑皮纸出西南乡。江西万载县，“表心纸，四五六区皆出，……皮纸出皂山，火纸出谢陂者佳，花笺纸出高村、高槽等处，嫩薄光净，胜表心纸”。湖南郴州，“草纸出永兴，……连三、连四、皮榜则出兴宁”。晚清大部分地区的造纸仍为一条龙式生产，但有些地方造纸工序中开始形成专门分工，出现专业化生产：有的专产竹木等造纸原料出售，有的则靠购买原料进行生产；有的专门制造纸穰、纸坯出售，以供纸坊造纸；有的纸坊专门进行成纸的染色等再加工。例如，嘉庆、道光年间，陕南山区有的纸厂需染色，“染色之纸须背运出山，于纸房内将整合之纸大小裁齐，上蒸笼干蒸后，以胶矾水拖湿晾干刷色”。据《闽产录异》记载，“福州有纸坊三四十所，以扣纸染花笺，砑蜡则成蜡笺”。

5.1.5 纸张的产量扩大，销售方式多样，成为对外贸易中的重要外销商品

晚清，手工纸的商品量扩大。有些纸张，特别是低档、日常用纸，常为就近销售。有些纸张，尤其在一些集中产区的纸张，实行长距离运销。例如，据道光《石城县志》记载，江西石城县有一种横江纸，“煮竹丝为之，制造甚精洁，省会山左通行，每商贾贸贩，岁不下累万金”。据同治《靖安县志》记载，奉新县有“火纸之利，远通江淮”。1868—1910 年手工纸出口值见表 5-1。

表 5-1　1868—1910 年手工纸出口值

单位：海关两

年份	1858	1870	1875	1880	1885	1890	1895	1900	1905	1910
出口值	245 092	211 323	429 747	512 720	595 752	1 359 915	1 986 423	2 506 323	3 551 634	3 506 430

资料来源：上海社会科学院经济研究所轻工业发展战略研究中心 . 中国近代造纸工业史 [M]. 上海：上海社会科学院出版社，1989：35.

晚清传统手工造纸业尽管受到洋纸业和机器造纸业的竞争，但是凭借着自身产品多样性的优势，依然拥有着广阔市场，能够占据机制纸所无法占领的市场空间，在市场的地理空间分布上形成一种互补形态。首先是在广大的内地地区，主要是手工纸和洋纸进行有力的竞争，机制纸则无法进入。这与手工纸长期以来所形成的优势是有关的，其纸张产品种类更为适合内地社会的需求，如内地所需大量的粗纸和迷信纸，机器造纸业则没有生产或数量较少。

晚清传统手工纸在海外拥有一定的市场，尽管也受到海外洋纸业的强力竞争，仍保存了部分市场，特别是有特殊用途的纸张产品，其地位并未受到

动摇。传统手工纸的海外市场主要是南洋地区，在此聚集的大量华人侨胞是其重要消费者，产品中数量较大的是迷信纸类；其次是日本和欧美地区，纸张产品主要是以宣纸为代表的书画用纸。宣纸作为书画用纸，是传统手工纸出口的重要品种之一，这和宣纸的独特品质是密切相关的。晚清，宣纸一直都是重要的出口产品，虽然数量不是特别巨大，但是非常稳定。“每年批销洋庄者，约在二十余万元，其中销于日本者十余万元，据说欧美作图书美术外，妇女且用敷粉。”

5.1.6　传统的手工造纸方法没有出现重大变革，仍然沿用传统浇造和抄造两种造纸方法

抄纸法造纸工艺主要有采料、浸泡、浆灰、蒸料、清洗、打浆、加纸药、抄纸、压榨、晾纸、分纸等工序。浇纸法造纸工艺主要有采料、清洗、煮料、捶打、捣浆、浇纸、晾纸、揭纸等工序。汉族、白族、彝族、瑶族、苗族、哈尼族、壮族等地区主要采用抄纸法造纸，而傣族、维吾尔族、藏族、纳西族、侗族等地区主要采用浇纸法造纸。

造纸原料主要是根据当地的植物资源就地取材，但不同地区也有一些变化。例如，藏族地区主要采用当地产的狼毒草的根部韧皮造纸，所造纸张重量轻，但韧性好;吸墨性强，且不易褪色;低白度、略微泛黄，看书时不刺眼、不伤眼;能够防霉防虫。丽江大具的纳西族采用雁皮造纸，而香格里拉的纳西族则采用瑞香科荛花植物来造纸。造纸所需设备、工具主要有槽房、水塘、甑锅、石臼、水碓、石槽、竹帘、木榨、焙墙，以及一定的场地。

5.1.7 造纸业生产组织主要有两种，即作为农民家庭副业的造纸生产和半专业或专业性的纸坊或纸厂

例如，陕西略阳县的农民利用冬季造纸，“其民三时务农，而冬则造纸为业焉”。安徽太湖县农民造纸，“皆农桑余事也”。此外，晚清一些地主、商人开办了具有一定规模的纸厂，采用预付资金以支配生产，已具有资本主义生产关系的性质（见表 5-2）。

表 5-2 1912 年各省手工纸坊和纸厂统计表

省份	手工纸坊和纸厂数 / 个	工人数 / 人	省份	手工纸坊和纸厂数 / 个	工人数 / 人
江苏	3	439	广东	96	1 557
安徽	27	838	贵州	24	329
江西	163	2 114	直隶	87	1 110
浙江	929	13 263	河南	15	130
福建	411	6 517	山西	99	1 086
湖北	202	1 916	陕西	61	911
湖南	323	3 776	奉天	91	124
云南	6	54	黑龙江	2	72

资料来源：彭泽益 . 中国近代手工业史资料（1840—1949）第二卷 [M]. 上海：生活·读书·新知三联书店，1957：437-438.

5.2 机器造纸业的发展

随着“洋纸”的不断输入、倾销以及西方造纸技术和设备的引进，机器造纸业逐渐兴起。尤其是甲午战争后，为了缓和形势并维护统治，晚清政府一方

面放宽了对民间设厂的限制，另一方面自身创办民用工业。晚清机器造纸工业逐步成长起来。

1884 年，具有官僚和买办身份的曹子俊通过郑观应向李鸿章请示后在上海创办了上海机器造纸局，主要设备有多烘缸长网造纸机 1 台，锅炉和蒸锅各 4 台，职工 101 人，日产洋式纸 2 吨。1887 年，刘献鲍在中国香港创办大成造纸公司，资本约 20 万两银。1890 年，广东商人钟星溪在广州盐步村集股创办了宏远堂机器造纸公司，引进了英国爱丁堡伯川公司（Bertram & Son Co.，Ltd.）生产的机器，资本为 15 万两银，预计每周生产 40 吨纸。此后，各地新式机器造纸工厂也逐步兴建起来。晚清机器造纸厂的创办概况见表 5-3。

表 5-3　晚清机器造纸厂创办概况表

序号	机器造纸厂名称	创办时间 / 年	创办者	创办地点
1	上海机器造纸局	1884	曹子俊	上海
2	伦章造纸厂	1892	李鸿章等	上海
3	华章造纸厂	1898	英、美商人合办	上海
4	龙章机器造纸公司	1904	官商合办	上海
5	武昌白沙洲造纸厂	1907	张之洞	湖北
6	谌家矶财政部造纸厂	1911	官办	湖北
7	宏远堂机器造纸厂	1890	钟星溪	广东
8	增源造纸厂	1906	官商合办	广东
9	绵远造纸厂	1908	李佑泉、庞伟庭等	广东
10	江门造纸厂	1911	余觉之	广东
11	显记纸厂	1904	李显庭	河北
12	富川造纸厂	1905	民营	四川
13	乐利造纸公司	1907	民营	四川
14	滦源造纸厂	1906	官商合办	山东
15	志强造纸厂	1910	民营	吉林
16	大成造纸公司	1887	刘献鲍	中国香港

晚清机器造纸业创办之初，其资本规模较大，并由官办转向商办，产品由生产洋纸转向仿造中国手工纸品种，生存状况艰难，有的造纸厂甚至因经营而停工。甲午战争后，由于社会环境的变迁，兴办企业的潮流开始出现，机器造纸业也有了初步的发展。晚清部分机器造纸厂规模概况见表 5-4。

表 5-4　晚清机器造纸厂规模概况

序号	造纸厂名称	资金	主要生产设备	工人数	年产量
1	上海机器造纸局	15 万两银	1877 年英国制造的 76 英寸多烘缸长网造纸机 1 台，锅炉 4 座，蒸锅 4 只	100 多人（外籍技师 1 人）	600 吨
2	广东宏远堂机器造纸厂	15 万两银	1886 年英国制造的 90 英寸长网造纸机 1 台	100 人左右（外籍技师 2 人）	804 吨
3	上海龙章造纸厂	61.6 万元。其中，官股占 13.6%，商股占 86. 4%	美制 100 英寸多烘缸长网造纸机 2 台，并能自行发电	400 余人	3000 吨
4	广东增源造纸厂	16.1 万元	500 马力之炉面蒸汽机全副，360 千瓦发动机 1 副，电摩打约 20 具，抽水机 2 副，蒸煮及焙纸用之汽锅炉 3 副，切布连去尘机 1 副（原 2 副，已坏 1 副），立筒式汽甑 3 具，球型汽甑 1 具，英制荷兰机 10 具，德制荷兰机 1 具，1886 年制英国纸机全副，同年制之切纸机 1 副	120 人	804 吨
5	四川富川造纸厂	10 万元	未详	60 人	150 吨
6	四川乐利造纸厂	10 万元	未详	60 人	150 吨

续表

序号	造纸厂名称	资金	主要生产设备	工人数	年产量
7	山东滦源造纸厂	36.4 万两银。其中，官股占 62.5%，商股占 37.5%	德制 90 英寸长网造纸机 1 台	85 人	530 吨
8	武昌白沙洲造纸厂	50 万两银	86 英寸长纲式造纸机 1 台，煮料球 2 台，打料机 4 台，蒸汽机（250 马力）1 台，蘭克夏式锅炉 2 台，其他附属设备俱全	120 人	683 吨

晚清机器造纸业的主要品种有纸和纸板两类。

5.2.1　纸类

纸可分为印刷书写用纸、包扎用纸、特种用纸三种。印刷书写用纸主要用于新法印刷和硬笔书写，可分为仿造手工纸和仿造洋纸两种。仿造手工纸的种类主要有连史、毛边、海月、宣纸等；仿造洋纸主要包括灰白报纸、道林纸、书面纸、模造纸等。包扎用纸主要是指包皮纸、牛皮纸和包纱纸等数种，主要用于日常生活中和其他行业所需的物品包装方面。其中，包纱纸数量最多，主要供应纱厂，包皮纸和牛皮纸因国产数量较少主要依赖国外进口。特种用纸用于有着特定用途的产品，主要用于卷烟、火柴、洋烛、执照等。

5.2.2 纸板类

纸板有普通纸板和特种纸板之分。普通纸板又可分为四种，即黄纸板、灰纸板、白纸板与染色纸板，主要用于供应制造纸匣。其中，白纸板有薄白和厚白之分，灰纸板有双灰和单灰之别。普通纸板中，黄纸板和灰纸板相对较多，而白纸板产量甚少。黄纸板质地较粗，用于制造各种粗质纸盒，价格低廉，销路甚广。薄白纸板用于制造小烟盒、糖果盒、药水盒等，烟草业需求最大。厚白纸板用于制造优良的鞋盒、手提电筒盒、大卷烟盒等。灰纸板用来制作青灰色彩印纸盒、出口蛋类盒及优等大香烟盒等。特种纸板用于特定的用途，主要分为两种，即提花纸板和照相纸板。

根据设备状况、资金条件、技术条件等条件的不同，晚清各机器造纸厂家集中于生产某一类造纸产品，以有利于其产品销售。晚清造纸业中这类经济现象的出现，主要与机器造纸技术有关。不同种类纸品的生产，不仅对机器设备的要求不同，同时对造纸原料也有着较为严格的要求。因此，各造纸厂家在机器造纸的过程中也存在一定程度上的产品分类。虽然各机器造纸厂家受到资金和技术的限制，但其产品种类并非固定不变，而是在一定的条件下尝试根据市场的变化来决定其产品制造的种类。当然，部分机器造纸厂家会利用其资金和技术优势来制造特定用途的独特纸品，以增强其在市场中的竞争优势。

晚清机器造纸业在其发展过程中一直颇为艰难，一些造纸厂家易主频繁，停工者亦较多，严重影响了晚清机器造纸业的长期稳定发展。例如，伦章造纸厂因负债累累于1906年不得不停工。武昌白沙洲造纸厂是1907年由湖广总督张之洞创办的官办企业，后转租给商人经办。

晚清机器造纸业的产品定位，主要是满足新式印刷、出版和近代工商业包装的需要。因此，其销售市场主要集中于机器印刷出版业和工商业发达的大城市，“机制国产纸之销路大都限于国内各大商埠，内地所销为数不多，国外市场更属有限。”长江一带，是机器造纸业产销的中心，生产既多，销量亦大，其分配中心以上海、镇江、南京、九江、汉口、杭州等为主，其中上海一地尤为重要。华北地区的机器造纸厂产品市场亦多集中在该区域的中心城市，如北平、天津、青岛、济南、开封等地，如青岛的蛋类出口业需用大量纸板，济南的鲁丰纱厂需要包纱纸特别多，集中在大城市的各种工商业为机制纸提供了广阔的市场。同时该地区机制纸亦销往次一级的城镇，如河北之保定、唐山，河南之辉县，山西之绛州，陕西之汉中等。华南地区机制纸的销售市场，同样集中在工商业发达的城市，如厦门、汕头、广州等。机制仿手工纸的销售状况亦是如此，市场范围以江浙一带为主，次之则为汉口、广州等地，既不能深入内地，复不易向海外推销。“机制纸中仅有极少数能够销往南洋，国外其他地区则绝无，机制纸能够外销的主要品种为黄纸板，主要面向南洋的华侨。”

5.3　洋纸业的发展

晚清，洋纸业包括外资机器造纸和进口洋纸。洋纸业对于晚清纸业市场造成了较大冲击，不仅使晚清手工造纸业产品的市场地位受到了严重挑战，尚未发展壮大的国产机器造纸业也无力与其竞争。洋纸业在晚清中国市场能够迅速扩大，这不仅与其本身产品质量优良，价格低廉有着密切关系，还和晚清社会变迁所引起的市场需求变化相关。特别是晚清工商业的发展需要各式新式印刷纸张、包装纸张，“凡开设报馆，与办学校，以及如广告事业等，无不需用进口之纸”。而这些种类的纸张是晚清手工造纸业和国产机器造纸业均无法满足的。

1882 年 4 月，美商集股筹备上海造纸公司，因股银未能收足没能购置纸机而停办。最先出现在晚清的外资机器造纸厂是上海的华章造纸厂。该厂是 1898 年由洋人发起集资 45 万两（分 4500 股，每股 100 两）在上海浦东陆家嘴筹建的。根据《申报》的记载，该厂在筹建期间恭请有中西董事 7 人，即耶松洋行（英商）的屈的曼、道胜银行（华俄合资）的惠隆、立兴洋行（法商）的鲍尔、朱葆三、张麟魁、孙楚琴等。该厂委托茂生洋行为华章造纸公司总经理人，并由道胜银行总理银钱。该厂聘请哈华托律师为法律顾问，由罗枢先生掌理公司事务。其安装工程由日本技师大川平三郎设计，经过三年建设，于 1901 年出纸。该厂规模很大，拥有美国制造单烘缸、双烘缸、多烘缸长网造纸机各 1 台。以破布仿造手工连史纸为主，兼以稻草制造有光纸，日产量为 11 吨。厂内管理生产各部门工头共用日本人 10 名左右，工人约 300 人，开始 6 年有盈余，且逐年增高。但由于 1906 年收回利权运动的影响以及客观经济情况的变化，包括进口纸大幅度增加，该厂开始走向困境。1907—1909 年，该厂亏蚀累累，厂产多数押于华俄道胜银行，因该厂完全在俄国银行资本的控制之下，银行有权取消抵押财产的取赎权。

进口洋纸在 1905 年以前基本保持在 14 000 吨，之后略有增长但变动不大，从 1910 年开始迅速增长。

进口洋纸在进入晚清中国市场后，数量急剧增长。根据海关关册的记载，其具体情况见表 5-5 和图 5-1。

表 5-5　晚清进口洋纸数量和价值表（1903—1912）

年份	1903	1904	1905	1906	1907	1908	1909	1910	1911	1912
数量 / 吨	14 667	14 017	18 805	29 873	16 123	25 646	28 571	43 947	43 987	36 439
价值 / 千海关两	2 684	2 549	2 985	4 063	3 275	3 637	3 878	5 510	5 606	4 304

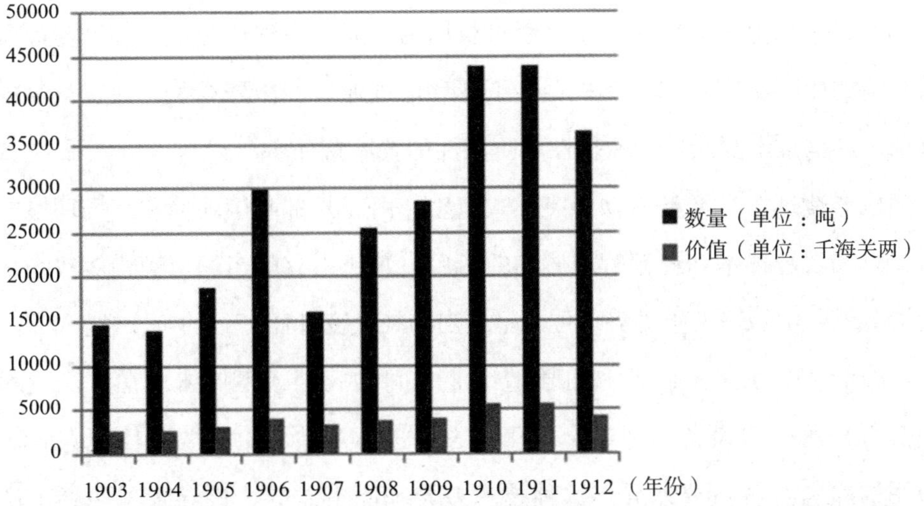

图 5-1　晚清进口洋纸数量和价值表（1903—1912）

5.4　小结

晚清，造纸业横跨传统手工业和机器工业两种形态。与棉纺织业、面粉业等其他行业不同，造纸业本身极具特色。一方面，纸的品种非常丰富，细分有几百种之多，不同品种的纸有着不同的用途，具有不可替代性，制造工序上亦有独特性，这就使得传统手工纸和机制纸能够各领风骚；另一方面，造纸的工序较复杂，生产方式的不同对造纸原料的要求也各不相同，不仅涉及机器工业，也涉及化学工业，使得传统手工造纸业的技术改良既体现在生产工具上，又体现在制作工艺的应用上。

晚清传统手工造纸业在之前发展的基础上继续发展，形成了自身的固有手工形态、市场范围和技术水平。经过长期的发展，晚清传统手工造纸业极力保持自身的生存空间，与国产机器造纸业和洋纸业展开激烈竞争，并在竞争中逐步前进，呈现出复杂性、曲折性、阶段性的发展特征。

机器造纸业在洋务运动中突发式产生，由于外部政策环境和市场环境的恶劣，以及自身技术和经营管理体制的落后，其所占有的市场份额相对较小，在晚清造纸业中始终处于劣势地位，呈现出与社会变迁相一致的阶段性。

晚清传统手工造纸业和机器造纸业之间的区别，不仅体现在生产技术层面是否采用机器设备和现代化的化学方法进行制造，更重要的体现在它们所采用的原料有着重要差异。这种技术差异和原料差异，也导致了两者生产的纸张产品在种类和质量等方面也存在巨大差别。因此，不同的造纸原料通过不同的生产方式，或者同样的造纸原料通过不同的生产方式，所制造出的纸张产品的用途也不同。而恰恰是在用途上的这种差异构成了它们在纸张产品种类和市场方面互补的基础，从而使得传统手工造纸业和机器造纸业这两种生产形态能够在晚清共存。这也是机器造纸业无法完全取代传统手工造纸业的重要因素。

晚清造纸业的纸张产品存在着一定程度上的市场地理分布层次的互补，这与晚清造纸业的发展水平、行业特征是紧密相关的。一是在于机器造纸业的发展不够完善，产业水平相对偏低，无力去抢占全部内地市场，而手工造纸业的技术得到一定程度的改善，增强了自身的竞争力；二是在于机器造纸厂主要是分布在大城市地区，特别是上海一地就集中了全国一半以上的机器造纸厂，而手工造纸业分布范围相对广泛，江西、福建、浙江、四川、湖南、安徽、广东七个省份，手工造纸业均较为发达，遍布广大内地地区，其他省份亦零星均有分布，特别是广阔的内地农村市场中需求量巨大的粗制纸，均为手工纸张。传统手工纸和机制纸在市场地理分布上的互补只是一种相对的状态，而非绝对化的。

第6章　晚清印刷出版业的法制变革

晚清以前，清政府对印刷出版业等行业与社会主要采用言论控制、图书管制、“文字狱”等手段来控制人们的思想言论，其法制思想是中央集权式的、专制的。例如，《大清律例・刑律》中在“盗窃类”下订有“造妖书妖言”罪：

凡造谶纬妖书妖言者，及传用惑众者，皆斩。若私有妖书隐藏不报者，杖一百、徒三年。

按诸条例：

一、凡妄布邪言书写张贴，煽惑人心，为首者，斩，立决。为从者，皆斩，监侯。……至有狂妄之徒，因事造言，捏成歌曲，沿街唱和，及以鄙俚亵谩之词，刊刻传播者，内外各地方官，即时察拿，审非妖言惑群者，坐以不应重罪。

二、凡坊肆市卖一应淫词小说，在内交与八旗都统、都察院、顺天府，在外交督抚等，转行所属官弁严禁，务搜板书，尽行销毁。……

三、各省抄房，在京探听事件，捏造谣言，录报各处者，……并照例议处治罪。

而晚清，社会处于历史上“千古未有之大变局”时期，印刷出版业也不例外。鸦片战争以后，西方的近代主义思潮大量涌入中国，为先进的知识分子所接受。马礼逊曾以“印刷自由论”为题在《广州记录纸》上向中国人介绍西方的印刷出版自由观念和天赋人权学说，对当时印刷出版业中先进知识分子的法制变革思想具有启蒙作用。洪仁玕就曾在《资政新篇》中对报纸的印刷、出版和管理等提出了具体办法：

一、报纸应准许民间来办；二、报纸是商品，赢利乃天经地义；三、报纸应有法律地位，享有法律赋予的权利，并承担法律责任，对“伪造新闻者，轻则罚，重则罪”；四、设“新闻官”，以法律的形式保证其“独立”行使监督权。

晚清先进知识分子通过外国人在华创办的报刊杂志、直接接触、出国考察、直接上书、积极创办维新报刊等各种途径接触、了解和传播西方近代言论自由思想。

例如，1895 年，在京参加会试的举人在康有为的带领下发动了“公车上书”，要求朝廷变法维新。上书中提到：

《周官》诵方训方，皆考四方之恩。《诗》之《国风》《小雅》，欲知民俗之清。近开报馆，名曰新闻，政俗备存，文学兼述。小之可观物价，琐之可见士风。清议时存，等于乡校。见闻日辟，可通时务。外国农业、商学、天文、地质、教会、政律、格致、武备、各有专门，以为新报，尤足以开拓心思，发越聪明，与铁路开通，实相表里宜纵民开设，并加奖励，庶裨政教。

1898年康有为在上光绪帝《恭谢天恩条陈办报事宜则》时上了一个附片《请定中国报律折》说：

惟是当开新守旧并立相轧之时，是非黑白未有定论。臣以疏遨卑微，忧时迫切，昌言变法，久为守旧者所娼嫉，谤议纷纭。……然他日或有深问罗织，诬以颠倒混淆之罪，臣岂能当此重咎。

1905年年底至1906年年初，清政府派出载泽、戴鸿慈、端方、徐世昌、绍英五大臣分两路赴日、美、德、法、意、比、奥、丹麦、瑞士、挪威等国考察宪政。回国后五大臣上《奏请以五年为期改行立宪政体折》，其中提到：

臣等反复衡量，窃以为环球大势如彼，宪法可行如此，保邦致治，非此莫由……宜先举行者三事：……三曰定集会、言论、出版之律。集会、言论、出版三者，诸国所许民间之自由，而民间亦以得自由为幸福。然集会受警察之稽查，报章听官吏之检视，实有种种防维之法。非若我国空悬禁令，转得法外之自由。与其漫无限制，益生厉阶，何如勒以章程，咸纳轨物。宜采取英、德、日本诸君主国现行法，编为集会律、言论律、出版律，迅即颁行，以一趋向而定民志。

同时，印刷出版业的发展也使得晚清政府对言论思想的控制力不从心，新的印刷出版理念逐步形成。为了维护封建统治，晚清政府希望借助西方先进的法律形式笼络民心，变法修律被提上日程，正所谓“穷则变，变则通”。而印刷出版业的法制变革则是晚清法制改革的一个重要组成部分。

为了促进包括印刷出版业在内的工商业的进一步发展，鼓励更多的人开办企业，在经过了较长的前期准备后，从 1903 年开始，晚清政府陆续颁布了一系列的法律法规。

（1）《钦定大清商律》《商会简明章程》《公司注册试办章程》《银行注册章程》《奖励公司章程》《奖给商勋章程》《改订奖励华商公司章程》《爵赏章程及奖牌章程》等一系列与印刷出版业有关的工商经济类法律。

（2）《大清印刷物件专律》《报章应守规则》《报馆暂行条规》《大清报律》《钦定报律》《电报总局传递新闻电报减收半价章程十条》《重订收发电报办法及减价章程》《著作权章程》等印刷出版业的专门法律。

（3）《钦定宪法大纲》《违警律》《清新刑律》等含有调整和规范印刷出版内容的法律。此外，地方各级政府也制定与颁发过一些有关印刷出版业的地方性法规。

通过一系列的变革，晚清印刷出版业初步形成了从中央到地方的法制体系，在形式和内容上也越来越完善，并在实践中得到实施，开启了中国近代印刷出版业法制变革的进程，甚至成为中国印刷出版业法制化的开端，实现了文化专制历史性的突破。

但是，与晚清整个宪政的实质一样，其印刷出版业的法制变革也仅是“以西学为体，中学为用”，借助西方资本主义的先进形式实行封建专制统治的内容，因此在实施过程中有些法律法规得到了外界的顽强抵抗，实施效果并不理想。

6.1 晚清法律类书籍的翻译出版活动及其影响

由于晚清政府对翻译活动的大力支持和社会时局变迁对西方法学知识的需求，整个晚清社会出现了一股翻译西法、效仿西方的热潮。最初，为适应办理外交事宜的需要，翻译了大量的国际法著作。后来，随着翻译主体的扩大和印刷出版机构的增多，翻译的领域逐渐拓宽到民事和刑事类部门法著作、宪政类丛书以及各种法学书籍。

晚清前期的翻译机构均由官方与教会主办。西方法律类书籍被翻译成中文后，必须通过一定的媒介展现到国人的面前。印刷出版书籍和发行报纸是比较常见的两种形式，官办印刷出版机构在人员、资金、设备等各方面都有很大的优势，其中京师同文馆和江南制造局的贡献最大。

京师同文馆一向重视翻译工作，以“译书为要务”。京师同文馆翻译出版的法律类书籍在近代西学翻译史上有着非常重要的地位，先后有《万国公法》《公法便览》《法国律例》《公法会通》《中国古世公法论略》《各国通商条约》《新加坡刑律》七种。

江南制造局翻译馆翻译出版了一些法政类书籍，如《公法总论》《各国交涉公法论》《各国交涉便法论》《邦交公法新论》《公使指南》等。

根据梁启超等人的统计，从 1861 年到戊戌变法之前，京师同文馆、江南制造局和广学会等几个翻译出版机构总共翻译出了《万国公法》《公法会通》《公法便览》《公法千章》《公法总论》《各国交涉公法论》《各国交涉变法论》《比国考察犯罪记录》《西法洗冤录》《法国律例》《新加坡律例》等 18 部外国法律书籍。

1898 年后，民营印刷出版机构大量涌现。民营印刷出版机构的一个重要特征是经济上的相对独立性，因此在印刷出版内容上有了相当大的自由度，民营印刷出版机构的翻译力量不再是以外国人为主译者，晚清以来的翻译出版界由于主译者和出版者的变化，翻译的内容也发生了重大的变化，经历了从学习西方的科学技术到寻求治国方略的重要转变。

例如，南洋公学译书院在张元济加入后翻译出版了日本松平康国的《美国宪法史》、下山宽一的《万国政治历史》以及《日本近政史》《英国会典考》《政群源流考》等政法类书籍。

商务印书馆翻译出版了《政学丛书》（包括《宪政论》《万国宪法比较》《日本明治法制史》《地方自治财政论》《欧洲财政史》《普鲁士地方自治行政说》等）、《新译日本法规大全》等政法类书籍。其中，1907 年印刷出版的《新译日本法规大全》在商务印书馆早期印刷出版的宪政类图书中最富盛誉。这部著作在南洋公学因为资金匮乏和翻译人才紧缺等问题而没有译完，商务印书馆则花费了大量的人力和物力来翻译这部长达四百万字的作品。该书将日本法规分为二十五类，约四百万字，“凡宪法、民法、刑法、裁判法、诉讼法、商法以及官制官规地方制度并警察财政军事矿业森林之法，本末洪纤，无不备举。”该书在书后附解字一册，实际上是一部日本法规的小辞典，对全书的主要法律名词都作了简单的解释，当时中日政界、学界的名人，如载泽、沈家本、大限重信、织田万等12位名人为之作序。该书印刷出版之时，正值晚清政府宣布预备仿行宪政之际，故被认为“足以备邦人研究宪政之助”。到1907年，商务印书馆在十年间共印刷出版了政法类书籍35种。而从1906年“预备立宪明诏特颁”到1911年，商务印书馆印刷出版的各类宪政书籍多达70余种，其内容广泛，涉及各国立宪状况、宪政制度、国民公私权利、政党历史、地方自治等。此外，商务印书馆还十分注重通过创办《东方杂志》《(欧美）法政介闻》和《法政杂志》等杂志向当时国人宣传立宪思想，及时报道与反映立宪动态。

广智书局翻译出版的法政类书籍比较多，主要有《政治原论》《东西将来大势论》《国宪泛论》《英国宪法史》《英国宪法论》《法学通论》《社会进化论》《社会学》《日本维新三十年史》《泰西史教科书》《二十世纪之怪物——帝国主义》《现今中俄大势论》《社会党》《法政速成科讲义录》《法国行政论》《政治泛论》《监狱学》《十九世纪世界之政治》《欧洲十九世纪史》《历史哲学》《政治泛论》《国家学纲要》《今世欧洲外交史》《政治学全编（上中下）》《政治学（上）——国家编》《政治学（中）——宪法编》，等等。大量法政书籍的翻译出版，使广智书局在社会上产生了相当大的影响。

晚清法律类书籍的翻译出版对中国传统法律观念和文化产生了巨大的影响，为晚清变革旧法、制定新律提供了重要的参考资料。例如，晚清政府制定的宪法性文件《钦定宪法大纲》，在肯定君上大权的前提下，参考西方宪法，概括性地规定了民众享有的权利和应承担的义务，如言论、著作、出版、集会、结社权，财产不受无故侵扰权，非按照法律规定不受逮捕、监禁及处罚权，依法纳税等。晚清政府还聘请日本法学家志田钾太郎、松冈义正担任顾问，以翻译的《德国民法典》为蓝本，制订了《大清民律草案》，同时颁布了《商律》《商人通例》《公司律》《公司注册章程》《破产律》等工商法律法规。

晚清法律类书籍的翻译出版活动促使民众的思想观念也得到了解放和提高。尤其是民营印刷出版机构印刷出版的西方法律类书籍不但速度快，而且数量大，在民间广为流传，使广大民众有了放眼看世界的机会，从而促进了新的社会思想观念的形成。

6.2　知识分子的大力呼吁有力推动了晚清印刷出版法制变革的进程

鸦片战争以后，中国沦为了半殖民地半封建社会。随着资本主义经济势力的入侵，外国侵略者在我国的办报活动规模不断扩大，其影响也由沿海扩大到内地。在 19 世纪 40 至 90 年代，先后创办了近 170 种中外文报刊，约占同期我国报刊总数的 95%。中国民众对言论出版自由的争取集中在了印刷出版自由上，要求冲破“言禁”“报禁”的束缚，给人民以言论出版自由的权利。

魏源最早将西方言论出版自由的理念引入中国。在 1842 年印刷出版的《海国图志》中，魏源收集林则徐的辑《澳门月报》，介绍说：

> 澳门所谓新闻记者，初出于意大里亚国，后各国皆出，遇事之新

奇及有关系者，皆许刻印散售，各国无禁。苟当事留意探阅，亦可觇各国之情形，皆边防所不可忽视也。

在以后扩编再版的《海国图志》中，魏源称赞英国：

刊印逐日新闻纸以论国政，如各官宪政事有失，许百姓议之，故人恐受责于清议也。

19世纪70年代后，王韬、陈炽、郑观应等知识分子开始全面系统地介绍与阐释言论出版自由的理念，勇敢地要求晚清政府开放“言禁”“报禁”，给民众言论出版自由的权利。

王韬大声疾呼晚清政府开放报禁，除了在上海、中国香港之地，还要允许在内地各省会城市设置新报馆。王韬认为，报纸的“指陈时事，无所忌讳”并不是讪谤诬言，所以晚清政府不可以“汉人清议”为忌。王韬还大声疾呼晚清政府放宽言禁，允许民间办报。“其睹一善政也，则忭舞，形诸笔墨，传布遐方；其或未尽善也，则陈古讽今，考镜得失，蔼然忠爱之诚。”他希望晚清政府对报纸的言论要本着“言之者无罪而闻之者足以戒”的态度去对待。

陈炽也呼吁晚清政府解除报禁，改变报纸创办“于己民则禁之，于他国则听之”的政策，指出：“各国报馆虽多，均其国人自设，法国并派员查阅，以示限制。”针对西人报馆不受限制控制中国舆论的现状，他希望晚清政府：“宜与各使妥议，毋须再出华字报章，否则按月缴绢，仍须派人查阅，此事不载通商之约，本属中国自主之权。”针对西人报馆“偶肇兵端，难免不曲直混淆，荧惑视听”的舆论倾向，他建议晚清政府：“晓谕民间，准其自设资本，不足官助其成。”

关于报业管理的具体措施，陈炽认为："一切均仿泰西报馆章程办理。"关于报馆主笔之人的资格与惩罚，陈炽认为报馆主笔必须是"公明谅直，三年无过，地方官吏据实保荐，予以出身。其或颠倒是非，不知自爱，亦宜檄令易人"。

郑观应在 1892 年《日报》中指出，报纸是"通民隐""达民情"的有力工具，广设日报是实行民主政治的枢纽。他呼吁晚清政府要广设报馆：

> 我各省当道，亦宜妥订章程，设法保护，札饬有体面之绅士倡办，以开风气。

他认为，创办报纸、广开言路是变法自强的重要手段：

> 其日报馆每日所出新闻，必以一纸寄京师，上呈御览……不准地方官恃势恫喝，闭塞言路……如是，则国势之隆无不蒸蒸日上。

郑观应明确提出了印刷出版立法的建议，要求晚清政府制订法律以保护民众的言论自由：

> 无事之时，官吏设法保护，律于劝善惩恶，兴利除弊……大、小官员苟有过失，必直言无讳，不准各官与报馆为难……不准地方官恃势恫喝，闭塞言路，偶摘细故，无断封禁……如有无端诋毁诈财贿者，只准其察明上司，委员公断，以存三代之公……倘有徇私受贿，颠倒是非，逞坚白异同之辩，乱斯民之视听者，则援例告官惩治……有事之际，官吏立法稽查，于本国之兵机，不宜轻泄，于敌人之虚实，不厌详明。

郑观应对晚清政府只准外国人而不准国人办报的政策强烈不满，呼吁政府开放“言禁”“报禁”：

中国通商各口，如上海、天津、汉口、香港等处，开设报馆，主之者皆西人，每遇中外交涉，间有诋毁当轴，蛊惑民心者……奈何掩聪塞明，箝口结舌，坐使敌国怀觊觎之志，外人操笔削之权，泰然自安，庞然自大，施施然甘受他人之陵侮也。

此外，郑观应还指出：

泰西各国上议院、下议院，各省各府各县议政局，……反献替之馍，兴革之事，其君相举动之事非，议员辩论之高下，内外工商之衰旺，悉听报馆照录登报。主笔者触类引申，撰为论说，使知议员之优劣，政事之从违，故日报盛行，不胫而走。

梁启超十分重识报刊的舆论宣传作用。在《本馆清议报第一百册祝辞并论报馆之责任及本馆之经历》一文中，梁启超说：

勃兴此新学新艺者谁乎？无他，思想自由、言论自由、出版自由，此三大自由者，实惟一切文明之母，而近世世界种种现象皆其子孙也……报馆者国家之耳目也，喉舌也，人群之镜也，文坛之地，将来之灯也，现在之粮也……报馆者政本之本，而教师之师也。

梁启超还把报纸作为开启民智的重要手段，是国家“去塞求通”的重要工具。他说道：

规国之强弱，则于其通塞而已。……去塞求通，厥道非一。而报馆其导端也。……其有助耳目喉舌之用，而起天下之废疾者，则报馆之为也。

梁启超认为没有任何规章规范的报纸有“五弊”，因而他建议晚清政府要制订适合自己的报律规章。关于“五弊”，他说道：

记载琐故，采访异闻，……无补时艰，徒伤风化，其弊一也。军事敌情，记载不实……荧惑听闻，贻误大局，其弊二也。臧否人物，论列近事，毁誉凭其恩怨，笔舌甚于刀兵……行同无赖，义乖祥言，其弊三也。操觚发论，匪有本原，蹈袭陈言，剿撮涂说……义无足取，言之无文，其弊四也。或有译录稍广，言论足观……而借阐宗风，不出郑志，虽有断章取义之益，未免歌诗不类之憾，其弊五也。

此外，梁启超在《论报馆有益于国事》一文中认为报刊首先具有耳目喉舌作用。他说道：

无耳目，无喉舌，是曰废疾。今夫万国并立，犹比邻也。齐州之内，犹同室也。比邻之事，而吾不知，甚乃同室所为不相闻问，则有耳目而无耳目；上有所措置，不能喻之民，天下所苦患不能告知君，则有喉舌而无喉舌;其有助耳目喉舌之用而起天下之废疾者,则报馆之谓也。

晚清社会涌现出的这些先进知识分子纷纷认识到印刷出版业巨大的舆论引导作用，要求晚清政府开放“言禁”“报禁”，承认报馆的合法地位，保护民众的言论自由和出版自由，认识到报刊有监督政府之职责，有的甚至明确提出制定报律来规范印刷出版业。这些关于呼吁言论自由、出版自由的思想将西方近代法制的内容及其思想理论引入中国，使人们的思想从封建专制统治的束缚中解放出来，是晚清印刷出版业法制变革的舆论先导。

6.3 工商经济立法的逐渐重视

印刷出版业等行业的工商经济类法律是随着西方资本主义的入侵和本国工商业的发展而日益显露其重要性的。

晚清工商立法运动前，清政府除了“把持行市”等规范市场交易秩序的工商法令外，没有其他保护工商业的专门法令，也从没开展过这方面的立法工作。

第二次鸦片战争期间，一些有识之士就曾主张晚清政府应当制定独立的工商经济法律。他们认为，传统的“官不恤商者……实亦国家立法之未善”，建议晚清政府“仿西法颁定各商公司章程一全以商贾之道行之，绝不拘以官场体统”;“宜仿泰西各国，增设商部，管以大臣，并立商律、商情、商平、商税四司，分任其事”，翻译西方的工商经济法律，“数十年后，中国商务之利有不与西欧并驾者，不信也”。

戊戌变法期间，康有为等人也认识到了制定工商经济法律的重要性：

商官商律不设，故无以定价值之低昂，治倒帐之控诉，治伙友之倒亏，治滑奸之诓骗。银钱无定价，则受本色之困。行规不与官通，则官可任意遏抑。体制又与官隔，则胥吏可借端欺凌。

20 世纪初，一些地方督抚在与西方打交道的过程中，发现西方列强通过协定关税，使“中国关税此期大都固定在商品价值 5% 的水平上，这意味着中国无从控制其贸易，也不能保护自己的新兴工业”。

1901 年，刘坤一、张之洞上奏道：

欧美商律最为详明，其国家又多方护持，是以商务日兴。中国素轻商股，不讲商律，于是市井之徒，苟图私利，彼此相欺，巧者亏逃，拙者受累，以故视集股为畏途，遂不能与洋商争衡。

商约大臣、工部尚书吕海寰也恳请晚清政府：

通饬各督抚体察各省情形，统筹全局，订明东西通行法律，由法律以审定商律，由商律以措施商政。

李鸿章也从税收的角度认识到工商经济法律的重要性。他说：

泰西各邦，皆有商律专以保护商人，盖国用出于税，税出于商，必应尽力维持，以为立国之本。

新设立的商部也希望能速定工商经济法律，使得：

商人有所遵循，而臣部遇事维持，设法保护，亦可按照定章核办。

随着印刷出版业等工业化的兴起，晚清的工商经济立法就显得更加迫切。

据统计，1895 年的民族资本总额达到 2421.4 万元，到 1911 年增加到 13 200 余万元。资本总额的急剧增长，使处于民间的印刷出版业等行业的工商业者更加关心晚清政府的工商经济类立法。作为清末资产阶级立宪派政治团体，预备立宪公会就曾指出：

各国商人来华贸易，均持有本国商法为之后援，而我商人在国内者，顾无一定之法律足以保其财产之安全……社会经济困穷，由于商业不振，由于法律不备。

上海的预备立宪公会则明确地提出了没有工商经济类法律的弊端：

一则华商与洋商贸易，洋商有法律保护，而华商无之，故动受洋商之欺抑；二则华商与华商贸易，彼此无一定之法律规则，故常有不公平之结果，致失信用而妨经济。

上海总商会也痛切地指出：

我中国商人，沈沈冥冥为无法之商也久矣中国法律之疏阔，不独商事为然，商人与外国人贸易，外国商人有法律，中国商人无法律，尤其接受其影响，相形之下，情见势绌，因是以失败者，不知凡几，无法之害，视他社会为尤烈，此可为我商界同声一哭者也。

在朝野一致的呼吁下，1902 年 3 月，晚清政府发布上谕，提出“矿律、路律、商律等类，皆应妥议专条”。1902 年 5 月，晚清政府又正式发布了了修订有关法律的谕旨：

“现在通商事宜繁多，著派沈家本、伍廷芳将一切现行律例，按照交涉情形，参酌各国法律，悉心考订，妥为拟议，务期中外通行”。

1903 年 4 月，晚清政府在上谕中称：

“通商惠工，为古今经国之要政。自积习相沿，视工商为末务，国计民生，日益贫弱，未始不因乎此，急应加意讲求。著派载振、袁世凯、伍廷芳，先订商律，作为则例。”

随后，晚清政府设立了商部。为了加快工商经济法律的制定，商部奏请先制定公司律以应需：

“目前要图，莫如筹办各项公司，力祛向日涣散之弊。庶商务日有起色，不致坐失利权，则公司条例，亟应先为要订。”

由此，晚清政府才逐渐重视印刷出版业等行业的工商经济立法工作，并从 1903 年开始，先后制定颁布了一系列的工商经济类法律。

6.4　晚清印刷出版业法制变革的主要内容

6.4.1　工商经济类的法律

1903—1910 年，晚清政府制定颁布了一系列保护印刷出版业等行业工商业者权利的法令，如《钦定大清商律》（见图 6-1）、《商会简明章程》《公司注册试办章程》《银行注册章程》《奖励公司章程》《奖给商勋章程》《改订奖励华商公司章程》《爵赏章程及奖牌章程》等（见表 6-1）。

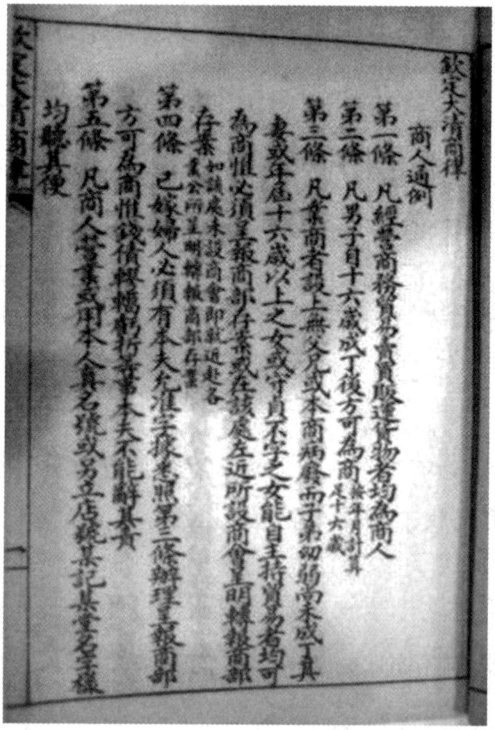
欽定大清商律

商人通例

第一條 凡經營商務貿易買賣販運貨物者均為商人

第二條 凡男子自十六歲成丁後方可為商 按年月計算足十六歲

第三條 凡業商者設上無父兄或父兄本商病廢而子弟幼弱尚未成丁其妻或年屆十六歲以上之女或守貞不字之女能自主持貿易者均可為商惟必須呈報商部存案或在該處左近所設商會呈明轉報商部存案 如該處未設商會即就近赴各處商會所呈明轉報商部存案

第四條 已嫁婦人必須有本夫允准字據照第三條辦理呈報商部方可為商惟錢債轇轕訴訟事本夫不能辭其責

第五條 凡商人營業或用本人真名號或另立店號某記某堂名字樣均聽其便

图 6-1 晚清政府颁布的《钦定大清商律》

1903 年，晚清政府命载振、伍廷芳仿效外国商法典尤其是《日本商法典》的规定，起草了商律。是年 12 月，起草完毕上奏后定名为《钦定大清商律》。

《钦定大清商律》是中国历史上第一部独立的工商经济类法律，也是晚清法制变革中颁布最早的新法，由《商人通例》和《公司律》组成，在体例和内容上均体现了对外国商法典的效仿。

表 6-1　晚清印刷出版业方面工商经济类的法律一览表

时间 / 年	1903	1904	1906	1907	1908	1909	1910
与印刷出版业有关的工商经济类法律	《钦定大清商律》	《商标注册试办章程》《呈请专利办法》《改订商标条例》《公司注册试办章程》《试办银行章程》《商会简明章程》	《破产律》《奖给商勋章程》	《交通银行则例》	《清理财政办法》《大清银行则例》《银行通行则例》《殖业银行则例》《储蓄银行则例》《银行注册章程》	《大清商律草案》《清理财政章程》《通用银钱票暂行章程》《印花税则》《奖励华商公司章程》	《币制则例》《兑换纸币则例》

《商人通例》共九条，主要对商人的含义、商业能力、商号、商业账簿等做了规定:凡经营商务、贸易、买卖、贩运货物者，均为商人;凡已达 16 岁的男子，即可经商；女子于法定之场合，得营商业，但必须呈报商部；妻得夫之许可书，且呈报商部，得营商业，但夫于妻之债务，不能辞其责；凡商人营业，或用本人真名号，或另立店号；商人贸易，无论大小，必须立有流水账簿，凡银钱货物出入以及日用等项均宜逐日登记；商人每年须将本年货物产业器具等盘查一次，并造册备存；凡商业账簿及关于营业之信书，要保存 10 年，若于 10 年内有丧失，要呈报商部；无论是商人、公司，还是店铺，都必须遵守上述第 6、7、8 条的规定。《商人通例》中的这些规定表明,《钦定大清商律》以法律的形式确认了商业活动以营利为目的，确认了商人的合法地位，这也推动了印刷出版业参与工商业活动的积极性。

《公司律》是我国第一部规范公司的法律，颁布于 1904 年 1 月，共 11 节，131 条。其中约 3/5 的内容仿自师法德国制度的日本，2/5 的内容则仿自英国，使晚清公司律同时混合了英美法和大陆法的立法精神。在《公司律》条文中规定了公司的设立、种类、活动及股东的权利与义务，指出公司是凑集资本的共同贸易者，按照设立条件和法律责任分为五类：两人或两人以上集资营业，公取一个字号的合资公司；两人或两人以上集资营业，声明以所集资本为限的合资有限公司；七人或七人以上创办，集资经营的股份有限公司；七人或七人以上创办，集资营业，声明资本若干的股份有限公司；独自经营和具有无限责任的商号（个人独资公司）。它还规定，设立公司必须赴商部注册，并将创办公司的合同、规条、章程等一概呈报商部备案。

为了保证公司设立注册有法可依，晚清政府还专门颁行了《公司注册试办章程》共 18 条和《银行注册章程》共 8 条，规定由商部注册局具体负责公司的注册事宜。这些法规涉及面广，其中有些已经具有一定的经济行政法性质。这样，晚清印刷出版业等工商业主体的资格得到了法律的保障，印刷出版业等工商业活动因此也受到很大的促进。

1906 年 4 月，晚清政府又颁布了《破产律》，用以补续《钦定大清商律》的内容。该法分为呈报破产、选举董事、债主会议、清算账目、处分财产、有心倒骗、清偿展限、呈请销案、附则 9 节，共 69 条。鉴于当时尚未颁布民法，该破产律在实际中也对普通人之间发生效力，“准令民间财产赴商会注册，以备稽核”，“其有虽非商人破产之案，除依……诉讼法办理外，其余未赅载者，应准地方官比照本律办理”。该法还体现了对商人的保护之意，规定在破产案件处理时，不再牵扯破产商人的兄弟伯侄及妻子拥有或代理他人经营的财产。在处分破产财产时，若破产者之财产在偿还所欠债务后不留分文，则应在处分之前，给破产商人预留“赡家之费，约敷二年用度，以示体恤”。而对因市场偶然波动陷入困境的商人，亦专有清偿展限，类似于现代的和解整顿程序，“准酌予展限或另筹办法，免致倒闭”。在保护商人的同时，破产律也对有心倒骗者进行严惩，针对社会上发生“吞没资财，诡称亏折，有心倒骗”的现象，把这些同正常的商人破产区别开来，对经查有心倒骗者，除将其财产货物变价还债外，还可根据情节处以监禁 20 日以上 3 年以下，或处罚金 50 元以上 1000 元以下，或者二者并处；为有心倒骗者担保的人也得负连带责任。这些规定一定程度上保障了印刷出版业等工商业活动的安全。

为了促进印刷出版业等工商业的进一步发展，鼓励更多的人开办企业，晚清政府还陆续颁布了《奖励公司章程》《奖给商勋章程》《改订奖励华商公司章程》《爵赏章程及奖牌章程》等一系列工商经济法律。

1903 年，晚清政府颁布了《奖励公司章程》，明确规定对经营工商业者的奖励方法：凡能集股 50 万 ~5000 万元经营工商业者，分别奖以议员或商部头等顾问等职位，加以七品至头品顶戴。其中 3000 万元以上者，准其子孙世袭议员职，至三代为止。还指出，官场向来出资经商者颇不乏人，只是狃于积习，往往耻言贸易，或改换姓名，或寄托他任经理，以致官商终多隔阂。现在朝廷重视商政，亟宜破除成见，使官商不分畛域，合力讲求，以便广开风气。

如有世家巨族出资凑集公司，办有成效者，亦准按照以上章程给奖其或已有官阶，职分较崇者，另由臣部随时酌量情形，奏明请旨给奖，以示优异。

1906 年，晚清政府颁布了《奖给商勋章程》，规定创制新法、新器以及各项工艺，确能挽回利权，足资民用者，应分别酌情给予奖励。或奖给一至三等商勋，或请赏加二至六品顶戴。

凡请奖者，可将所制之器、所办之事呈明本部，查核办理，或由各省管理商务官暨各处商会代报，由本部切实考验，分别给奖，以昭慎重。

1907年，晚清政府奏准施行了《改订奖励华商公司章程》，根据集资的多少给予奖励，其中最高的奖赏是集2000万元以上的，可授予农工商部头等顾问官，加头品顶戴，赐双龙金牌，并准其子孙后代世袭农工商部头等议员，三代为止。

1907年，晚清政府奏请颁布了《爵赏章程及奖牌章程》，规定：

凡商人无论独资、合资、附设营业，应得爵赏……总以所办实业，能开辟利源，制造货品，扩充国民生计者为合格。并把应受爵赏最低资本额降低到10万元以上，还规定，制造美术，资本、人工较少，而能独出心裁，挽回利权者，也要按照本部奏定的《奖励商勋章程》核办。

虽然晚清的工商立法运动具有功利性、移植性、粗糙性和仓促性等特点，但晚清出台的一系列工商法规，在一定程度上起到了“以法为教”的示范作用，印刷出版业等行业商人的权利诉求得到了不同程度的表现和认可，商人权利和商人权利救济在新的工商法律体系中有了具体的伸张和体现，为后来工商立法的进一步发展奠定了基础。

此外，晚清政府还设置工商管理与服务机构，在版权保护、商标注册等方面对印刷出版企业给予保护。戊戌变法时，晚清政府就曾在京师设立农工商总局，并在各省设立分局。变法失败后，虽农工商总局遭裁撤，但各督抚仍行管理之责。光绪二十九年（1903）九月七日，晚清政府成立了全国性的工商管理机构，即商部。光绪三十二年（1906），工部并入商部，改名农工商部，下设农、工、商、庶四司以及商标局、商律馆、权衡度量局、化分矿质局等，行使工商法律制度、督促各省讲求工艺、企业注册、调解纠纷和提供服务等职权。光绪三十四年（1908）八月一日，晚清政府还批准设立了劝业道一职，官秩正四品，为各省管理农工商的专设官员。其办事机构为劝业公所，逐步取代了原有的各省农工商局及类似机构。由此，晚清政府确立了从中央到地方的工商管理体系，这也有利于晚清印刷出版业市场的有序管理。

6.4.2　印刷出版业的专门法律

晚清以前，我国并没有专门的印刷出版法律和版权保护政策。为了维护清王朝的文化专制统治，在先进知识分子的大力呼吁下，晚清政府制定了《大清印刷物件专律》《报章应守规则》《报馆暂行条规》《大清报律》《钦定报律》《电报总局传递新闻电报减收半价章程十条》《重订收发电报办法及减价章程》《大清著作权律》等印刷出版业的专门法律，以及《钦定宪法大纲》《违警律》《清新刑律》等含有调整和规范印刷出版内容的法律。此外，地方各级政府也制定与颁发过一些有关印刷出版业的地方性法规。由此，晚清印刷出版业初步形成了从中央到地方的法制体系，在形式和内容上也越来越完善。但在实施过程中有些法律法规得到了外界的顽强抵抗，其实施效果并不理想。

1.《大清印刷物件专律》

《大清印刷物件专律》是我国第一部针对印刷出版物的专门法律。它于1906年由商部、巡警部和学部共同拟定，共有6章41款，分为大纲、印刷人等、记载物件等、毁谤、教唆、时限等内容。其主要包括下面几方面内容。

（1）实行事先登记注册制度，规定事先登记注册的内容、程序以及对违规者的处罚措施。例如，第一章大纲规定：

> 京师特设一印刷总局，隶商部、巡警部、学部。所有关涉一切印刷及新闻记载，均须在本局注册。

第二章印刷人等规定：

> 凡未经注册之印刷人，不论承印何种文书图画，均以犯法论。凡违法本条者，所科罚援，不得过银一百五十元，监禁期不得过五个月，或罚援监禁两科之。……凡印刷人不论印刷何种物件，务须于所印刷物体上明白印明印刷人姓名，及印刷所所在。凡违犯本条者，所科罚银不得过银一百元，监禁不得过三个月，或罚援监禁两科之。……凡发贩或分送不论何种印刷物件，如该物件并未印明印刷人之姓名及印刷所所在者，即以犯法论。凡违犯本条者，即依本律本章第六条之罚银，或监禁，或罚级监禁两科之法科之。并将所有无印刷人姓名及印刷所所在之各该印刷物件充公或销毁，亦不问该印刷物件之可否印刷。

第三章记载物件等规定：

凡印刷或发卖或贩卖或分送各种记载物件，而该记载物件并未遵照本律所载各条向京师印刷注册总局注册者，即以犯法论。……经理记载物件出版之人，须将所出版发行之记载物件，每件备两份，呈送于发行所在之巡警衙门，并同时由邮局禀呈一份于京师印刷注册总局。

（2）"毁谤"分为普通毁谤、讪谤、诬谤三种。例如，第四章毁谤规定：

所谓毁谤者有三：（甲）普通毁谤；（乙）讪谤；（丙）诬谤……普通毁谤者，是一种谤个人的表揭，或书写，或版印，或另用其他各法，令人阅而增其人，恶其人，甚或其人因此而失官爵，失专业，或失其他各种生业。讪谤者，是一种惑世诬民的表揭，令人阅之有怨恨或侮慢，或加暴行于皇帝皇族或政府，或煽动愚民违背典章国制，甚或以非法强词，又或使人人有自危自乱之心，甚或使人彼此相仇，不安生业。诬诈者，是一种陷人的口语，或已出版，或借出版相恫吓，或挟以为可以不出版向人要求财物等是也。

（3）关于教唆与时限。第五章教唆规定：

凡他人之著作，或出版印刷，或录入记载物件内，因而公布于世，致酿成非法之事者，不论所酿成之事为犯公法为犯私法，各该著作人俱依临犯不在场之从犯论。如此等著作尚未酿成犯法之事，即将著作人依所犯未遂之从犯论。

第六章时限规定：

凡一切文书图画，或系书写，或系印刷，或用汉文，或用其他各文字，而发行或销售于皇朝一统版图者，在律即有治理之权。本律奏奉朱批后，由京师印刷注册总局颁行，满六个月之后，即切实施行。

《大清印刷物专律》是在晚清政府宣布预备立宪、施行新法的口号中制定的。作为晚清针对印刷出版物、印刷出版业的一部专门法律，它在行业规范、监管办法、定罪量刑等方面作出了非常明确、细致的规定和解释，对促进印刷出版业的发展有积极意义。但其目的是为了加强对晚清印刷出版业的控制，同时，它也并无真正的颁布施行。例如，根据 1906 年 9 月 12 日《申报》消息："日前各报登载印刷件新例一则，兹据确切消息云，所拟之稿尚并非部订专章，颁行时须有变动云。"这说明 1906 年 9 月 12 日之前各报已经刊载了《大清印刷物专律》出台的消息，但还未正式颁布施行。

《大清印刷物专律》颁布不久后，晚清政府又颁布了《报章应守规则》《报馆暂守条规》《大清报律》《钦定报律》等一系列相关规定和法案，大致上是《大清印刷物专律》的延续和补充。

2.《报章应守规则》

为进一步加强对印刷出版报刊的管制，1906 年 10 月巡警部札饬巡警总厅颁布了《报章应守规则》。《报章应守规则》共 9 条，其主要内容为：

一、不得诋毁宫廷；二、不得妄议朝政；三、不得妨害治安；四、不得败坏风俗；五、凡关涉外交内政之件，如经该管衙门传谕报馆秘密者，该馆不得揭载；六、凡关涉诉讼之案，于定案以前，不得妄下断语，并不得作庇护犯人之语；七、不得摘发人之私隐，诽谤人之名誉；八、记载有错误失实，本人或有关系人声请更正者，即须速为更正；九、除已开报馆之外，凡欲开设者，皆须来所呈报批准后，再行开设。

《报章应守规则》的 9 条规则实际就是 9 条禁令，是对报纸开办、刊载的内容的限制，其一经颁布就受到了外界的质疑。这是因为：其立法程序不符合法律的规定；内容不规范、不完备，只规定了禁载内容，并无规定违反规定的惩罚措施，缺失了“法律后果”这一法律要素；其他内容也不完善严谨，如未明确载明报纸、题号、记载的种类、发行时期，未规定发行人、编辑人的权利和义务等。

《报章应守规则》的立法主体是巡警厅。根据法理，立法制定主体应当是有权制定、认可、修改、废除法律的国家机关，而巡警厅属于国家执行机关，没有立法权限，不是国家规定的立法机关。因此，在实施范围、实施时间以及实施效果上，《报章应守规则》只在国内有些地方执行了 11 个月便被废止。

3.《报馆暂行条规》

1907 年 8 月，民政部奏请拟定《报馆暂行条规》，经光绪皇帝批示，命令民政部拟定报律。

《报馆暂行条规》共有 10 条，它在《报章应守规则》的基础上作了修改，增加了法律后果部分，使法的规范的逻辑结构更完整了。其内容如下。

第一条　凡开设报馆者，均应向该管巡警官署呈报，俟批准后，才准发行。其以前开设之报馆均应一律补报。

第二条　凡报纸，不论日报、旬报、月报，均应载明发行人、编辑人、印刷人之姓名及其住址。

第三条　凡左列各项，报纸不得登载：一诋毁宫廷事项；二淆乱国体事项；三妨害治安事项；四败坏风俗事项。

第四条　凡关涉外交军事之件，如经该管衙门传谕报馆秘密者，该报馆不得揭载。

第五条　凡遇重要之刑事案件，于该案未定以前，报纸不得妄下断语，并不得作庇护犯人之语。

第六条　凡报纸记载失实，经本人或有关系人署明姓名，申请更正者，该报馆应即照登。

第七条　凡违反本条规者，该管官署得酌情节轻重，分别科发行人、编辑人及印刷人以一月以上、一年以下之监禁或十元以上、二百元以下之罚金。但印刷人以知情为断，如实不知情者得免其罚。

第八条　凡违犯本条规者，日报得命停报三日至七日；旬月等报得命停报一期至三期。若情节较重时得命停止发行。

第九条　凡报馆已命停止发行者，该管官署应即知照邮政局及电报局，不为邮递发电，并出示禁止。送报人不得代为分送。

第十条　以上所定系暂行条规，俟报律编成，奏准后应照律办理。

《报馆暂行条规》既规定了行为模式，又规定了法律后果，但是没有规定适用条件。《报馆暂行条规》第一条到第六条是对行为模式的规定，其中第一、二条是关于出版方面的命令性条款，第三、四、五条是关于言论方面的禁止性条款，第六条是关于更正的命令性条款。《报馆暂行条规》第七、八条是对法律后果的规定，这两条规定违反者将受到监禁、罚款、停止发行、永远停止发行的处罚。但是没有适用条件，行为模式和法律后果之间就会缺少一一对应的关系。

4.《大清报律》

1908 年 3 月 14 日，晚清政府颁布了《大清报律》。该报律共 45 条，除将前些时候制定与颁行的报刊禁载的规定全部收入外，还新增了不少限制性条款。

从 1908 年宪政编查馆所上考核报律折可以看出，该报律为多部门通力合作的结果，由商部、民政部、法部参与拟定，军机处、外务部、政务部等参与修改，最后由宪政编查馆审核后颁布实施。宪政编查馆所上考核报律折的具体内容如下：

光绪三十三年十二月十五日准民政部咨称本部会同法部，具奏订拟报律草案，请旨访下宪政编查馆考核，奏定施行，以资遵守一折。光绪三十三年十二月十三日奉旨依议，钦此钦遵，钞录原奏并清单前来。臣等查阅原奏，示说论之准绳，杜侲欺之隐患，用意至为美善窃维环球各国，莫不注重报纸，凡政府之命令，议院之裁决，往往经报纸之赞成，始得实行无阻。英且与贵族、牧师、平民列入四大阶级之一。良以报纸之启迪新机，策励社会，俨握文明进行之枢纽也。然利之所在，弊亦随之激扬清浊，不无代表舆论之功，颠倒是非，实滋混淆惑民听之俱以故各国俱特设专例，为之防闲。女唯罗斯、瑞士、挪威，并明定之于刑法或违警罪中而俄之钤束为尤烈中国报界知识甫经萌集，际兹预备立宪之时，固宜广为提倡，以符言论自由之通例。而横言夕隘，如川溃防，亦宜严申厉禁，以正为心，而昭公是。检阅原案四十二条，盖折衷于日本新闻条例，酌加损益，尚属周密。惟第十四条第一款之诋毁宫廷，第二款之淆舌毋体，第三款之损害公安，皆浸外历习律范围。现在逆党会匪，窜伏东南洋一带，潜图窃发方且藉报纸之奉行，逞狂言之鼓吹，此等情形久已上烦宸廑。如照原案第二十一条、二十二条之例，仅处二十日至二年之监禁，附加二十元至百元之罚金，殊嫌轻纵似仍应分别情节轻重办理。臣等公同商酌，拟请将原案第二十二条改为违第十四条第一款至第三款者，该发行人、编辑人、印刷人科六月以上、二年以下之监禁，附加二十元以上、二百元以下之罚金。其情节较重者，仍照刑律治罪。其余各条亦多详加修补，悉心改正，共厘订四十五条。敬谨缮具清单恭呈御览。如蒙俞允，拟请饬下民政部，通饬各省一体遵行。谨奏。光绪三十四年二月十二日奉旨依议。钦此。谨将核订报律缮具清单恭呈御览。

《大清报律》在起草时以日本的新闻条例为蓝本，参照了德国的新闻法规和英国人制定的香港报律。因此，其内容在《报馆暂行条规》的基础上，增加了对发行人、编辑人和印刷人的具体要求，增加了保押费以及免除保押费报纸类别，增加了事前审查的条规，禁止内容里增加了诉讼事件和外交、海陆事件，增加了保护名誉权规范媒体的条款，细化了媒体更正的条款，增加了保护著作权的内容，增加了对外国发行的报纸的管理办法，处罚内容更加翔实，具体规定了违反某个条款应受的惩罚。

在《大清报律》颁布以后，从 1906 年开始晚清新报刊的创办数量比以往增多了，以每年上百家的速度递增，尤其是 1908—1911 年平均每年新增报刊 132 种。《大清报律》的颁布是晚清政府预备立宪的一项重要举措，是当时宪政精神在印刷出版业中的具体体现，具有一定的进步意义。它在一定程度上开放了"报禁"和"言禁"，使民众也能够了解到朝政信息，为以后印刷出版业相关法律法规的制定建立了一种模式。

5.《钦定报律》

《钦定报律》于 1911 年 1 月 29 日奉旨颁布，共 42 条，其中本律 38 条，附则 4 条。

《钦定报律》是在《大清报律》的基础上修改而成的，颁布时间比《大清报律》晚 3 年。其颁行原因是，《大清报律》颁布后，民政部在执行中遇到不少问题，觉得报律条文还不够完善，并于 1909 年 10 月上奏《奏为酌拟修正报律草案加具按语缮单恭折仰祈圣鉴事》一折，请求修正报律："应行修正者，约有二端，一关于发行报纸之检查，非出版前期所能猝办，一关于违反报律之诉讼，非行政衙门所当裁判，应即分别酌量增改。"

民政部在上奏时就已拟出修正报律的各项理由及律文 45 条，其中本律 41 条，附则 4 条，交与宪政编查馆审核。后经军机大臣、资政院反复议核与激烈辩论，最终定为本律 38 条，附则 4 条，共 42 条。

《钦定报律》和《大清报律》一脉相承，但也有所变更，其进步之处主要表现在前者赋予了人们更大的言论自由，在法律上第一次赋予民报和官报平等的地位，第一次以法规法令为禁止理由而不是凭借官员们的主观臆断恶意进行打压，还增加了对他人名誉权的规范和保护。

6. 晚清稿酬制度的形成及《大清著作权律》的颁布

由于受传统观念的束缚，在晚清初期，人们的稿酬观念还相当淡薄。1862年5月7日《上海新报》的一则“征稿启事”说：

毕人如有切要时事，或得自传闻，或得自目击，但取其有益华人，有益于同好者，均可携之本馆刋刻，分文不取。

1872年《申报》创刊时，刊登在创刊号上的《本馆条例》中说：

如有骚人韵士，有愿以短什长篇惠教者，如天下各名区竹枝词，及长歌纪事之类，概不值。……如有名言谠论，实有系乎国计民生，地利水源之类者，上关皇朝经济之需，下知小民稼穑之苦，附登新报，概不取酬。

随着报刊图书市场的不断扩大，作品商品化程度的不断提高，社会大众的稿酬意识逐渐确立起来。

1884年6月，《申报》为给《点石斋画报》征稿，特刊出《招请各处名手画新闻》的启事，宣布：

海内画家，如遇本处有可惊可喜之事，以洁白纸新鲜浓墨绘成画幅，另纸书明事之原委，如果惟妙惟肖，足以列入画报者，每幅酬笔资两元。

这是《申报》首次表示支付给作者稿酬，也是晚清印刷出版界第一次明确出现稿酬一说。

1901 年 3 月上海《同文沪报》刊登题为“东亚益智译书局叙例”启事，书局向全社会征用译文著作，给翻译者“酌送润笔之资”或“提每部售价二成相酬”。前者为润笔费即稿费，后者为提成费即版税。其进步在于取消了以书申酬的实物稿酬，全部使用货币稿酬且作品版权不被作价买断而仍归作者。随后，商务印书馆、中华书局，以及《新小说》《绣像小说》《小说月报》《浙江潮》等杂志也都先后给作家发放稿酬。

1902 年 10 月 31 日，梁启超在日本横滨创办《新小说》杂志前，在其主持的另一份杂志《新民丛报》上所刊出的《新小说社征文启》，是目前所见最早的内容详备的征文启事：

> 小说为文学之上乘，于社会之风气关系最钜。本社为提倡斯学，开发国民起见，除社员自著自译外，兹特广征海内名流杰作，绍介于世。谨布征文例及酬润格如下：
>
> 第一类　章回体小说在十数回以上者及传奇曲本在十数出以上者

自著本	甲等	每千字酬金	四元
同	乙等	同	三元
同	丙等	同	二元
同	丁等	同	一元五角
译本	甲等	每千字酬金	二元五角
同	乙等	同	一元六角
同	丙等	同	一元二角

第二类　其文字种别如下：一、杂记；二、笑话；三、游戏文章；四、杂歌谣；五、灯谜酒令楹联等类。此类投稿恕不能奉酬金，惟若录入本报某号，则将该号之报奉赠一册，聊答雅意。

晚清知识分子开始对著作权问题有了新的认识，并且积极呼吁建立版权制度，其代表人物是严复。严复是晚清著名的翻译家，他遵循“信、达、雅”的标准，其译著《天演论》《原富》《法意》《群学肄言》等水准极高，故成了各书商争相盗版的对象。1901 年，严复在翻译《原富》期间，与时任南洋公学译书院总办的张元济达成协议，译书院除支付译者 2000 两银子作为稿酬外，译者还分沾售书价值的十分之二。严复还提出《原富》一书的分利期为二十年，张元济一并答应。

在著书立说过程中，严复还产生了对版权问题的独到见解。他曾上书管学大臣张百熙，讨论版权问题：

窃闻大学堂前有饬令各省官书局自行刷印教科书目之事，语经误会，以为饬令翻印教科各书，而南洋上海各商埠书坊，遂指此为撤毁版权之据。议将私家译著各书，互相翻印出售，此事于中国学界，所关非尠。因仰托帡幪，奋虑偪亿，窃于版权一事，为执事披沥陈之……今夫学界之有版权，而东西各国，莫不重其法者，宁无故乎，亦至不得已耳。非不知一书之出，人人得以刻售，于普及之教育为有益而势甚便也。顾著述译纂之业最难，敝精劳神矣，而又非学足以窥其奥者不办。乃至名大家为书，大抵废黜人事，竭二三十年之思索探讨，而后成之。……藉非区区版权为之摩砺，尚庶几怀铅握椠，争自濯磨，风气得趋以日上。乃夺其版权，徒为书贾之利，则辛苦之事，谁复为之？……是用怀不能已，为略陈利害如此，不胜大愿，愿执事有以转移救正之也。

严复强烈的版权意识催生了晚清第一个版税合同。1903 年，严复与商务印书馆就《社会通造》一书签订版税合约，规定了作者与出版者的权利与义务及版税的计算方式，使得版权保护不再是空洞的口头协议。1906 年，商务印书馆取得了《社会通论》一书的专印权，并且广而告之。《商务印书馆出版教科书目》有《社会通论》一书广告：

甄君掌教英国鄂斯福大学，是书为三年前印本，就社会已然之迹而推其所以致此之由，扫尽陈言，推倒众说，候官严先生其能俾我国社会，遂译数月，书成以版权畀本馆专印行世，现已出版。

由此，晚清稿酬制度已经形成，并通过报纸条例、启事等方式公开刊载并接受社会监督，具社会契约性质，可以规范行业行为。但它毕竟不是法令，缺乏法律效力。

随着清末中外交往的扩大，版权纠纷时有发生，但当时的法律并不能提供解决依据，使得版权问题日益尖锐，晚清政府不得不开始着手解决这一问题。

1905 年，面对国内接连不断的著作权纠纷和国内外要求建立著作权保护制度的舆论，晚清政府将著作权立法提上了国家的议事日程。起初，农工商部拟定了著作权法初稿，但由于缺乏熟悉现代著作权理论的专门人才，这个初稿显得十分粗糙。于是又交由专管教育文化事业的学部对其进行增删，学部官员在接手著作权立法工作后心存疑虑，认为著作权法“惟尚须大加磋议，以期尽善。日内尚不能即行宣布”。这样，著作权立法工作就被搁置起来了。1908年，晚清政府派人参加了在德国柏林召开的《保护文学和艺术品伯尔尼公约》修订大会，随后又重新启动了著作权立法工作。1910年9月，民政部起草完成了著作权律草案，该草案较农工商部拟定的草案有了显著进步，并且还附有立法理由说明书。该草案由宪政编查馆复核后经资政院三读而通过。

《大清著作权律》于1910年12月18日由晚清政府颁布，是中国历史上第一部专门的著作权法。《大清著作权律》共5章55条，由通例、权利期限、呈报义务、权利限制和附则五部分组成，对什么是著作权、著作物的范围、著作权的权利年限、侵权与处罚以及取得著作权保护的呈报义务等问题均做了较为详细的规定和说明。其主要内容有：

对著作权的概念和著作物的范围进行了界定。其第一章通例的第一条规定：

> 凡称著作物而专有重制之利益者，曰著作权。称著作物者，文艺、图画、帖本、照片、雕刻、模型皆是。

对享有著作权的权利期限进行了规定。其第二章权利期限的第五条至第十条规定：“著作权归著作者终身有之；除照片外，若著作者身故，由其继承者享有至三十年。照片的著作权年限为十年。”

对著作物注册的呈报和注册程序进行了规定。其第三章呈报义务中规定，“凡著作物归民政部注册给照”，注册时，“应由著作者备样本二分，呈送民政部；其在外省者，则呈送该管辖衙门，随时申送民政部”“凡以著作物呈请注册者，呈报时应用本身姓名；其不著姓名之著作呈报时，亦应记出本身真实姓名。”著作物注册时应缴纳公费。当著作权者身故后，“其承继人当继续著作权时，应赴该管衙门呈报”“著作物经注册给照者，受本律保护”。此外，该律还对各类注册呈报式样都作了明确规定，并附有规范式样。

对合著及编译著作享有著作权的范围及其限制进行了规定。条文规定：“数人合成之著作，其中如有一人不愿发行者，应该视所著之体材，如可分别，则将所著之一部分提开，听其自主；如不能分别，应由余人筹以应得之利，其著作权归余人公有，但其人不愿于著作内列名者，应听其便。”“搜集他人著作编成一种著作者，其编成部分之著作权，归编者有之，但出于剽窃割裂者，不在此限。”“出资聘人所成之著作，其著作权归出资者有之。”“讲义及演说，虽经他人笔述，其著作权仍归出资者有之，但经讲演人之允许者，不在此限。”“从外国著作译出华文者，其著作权归译者有之。惟不得禁止他人就原著作另译华文，其译文无甚异同者，不在此限。”“就他人著作阐发新理，足以视为新著作者，其著作权归阐发新理者有之。”同时，该律还规定了不能享有著作权的情况：法令约章及文书案牍；各种善会宣讲之劝诫文；各种报纸记载政治及时事上之论说新闻；公会之演说。诸如此类皆无权享有著作权。而著作者年限已满者；著作者身故后别无承继人者；著作久经通行者；愿将著作任人翻印者。此类皆视为公有领域的公共财产作品，也不享有著作权。

对侵权禁例及其处罚的规定。其第三十三条至三十八条规定了哪些行为算是侵犯著作权的行为。如翻印仿制以及用各种假冒方法侵损别人著作权者；割裂、改窜及变匿姓名或更换名目发行别人著作者；假托他人姓名发行自己著作者；将教科书中设问之题，擅作答词发行者；强取他人未发行著作抵债者都属于侵犯著作权的行为。此外，该律还规定“节选众人著作成书，以供普通教科书及参考书之用者”“节录引用他人著作，以供己之著作考证注释者”“仿他人图画以为雕刻模型，或仿他人雕刻模型以为图画者”，虽不以假冒论，但必须注明原作出处。该律第四十条至五十条规定了对于违犯禁例的处罚。“凡假冒他人之著作，科以四十元以上四百元以下之罚金；知情代为出售者，罚与假冒同”。割裂、改窜他人著作或更改名目发行，“科以二十元以上二百元以下之罚金”。因假冒而侵损别人著作权，除罚款外，还应该赔偿被损者所损失的利益，且将印本刻板及专供假冒适用的器具，没收入官。“数人合成之著作”遇到侵权的情况，不必所有的人同意，就可以呈诉。侵损著作权的诉讼期间，可先将涉于假冒的著作暂行禁止发行，但如果审明所控不实，原告应该赔偿被告禁止发行时所受损失。如果经审明不是故意侵损别人的著作权的，除将所得之利偿还原告之外，免其科罚。对于未经呈报注册，却假填呈报注册年月日的，科以三十元以上三百元以下的罚款。呈报不实者，或重制时有所修正而没有呈报立案的，查明后撤销著作权。最后《大清著作权律》还规定了被侵权后的呈诉告发期限为两年。

《大清著作权律》不仅在立法上具有进步性，它还向国民宣扬著作权思想，为著作权理论广泛传播奠定了良好基础。《大清著作权律》开启了我国著作权立法的先河，并对后世著作权立法产生了重大影响。虽然它也有其局限性，但总体上其进步意义远远大于局限性。

6.4.3　宪法及其他惩处性法律法规

1. 宪法性文件——《钦定宪法大纲》

1908 年 8 月 27 日，晚清政府颁布《钦定宪法大纲》(见图 6-2)。其中臣民权利义务中规定“臣民于法律范围以内，所有言论、著作、出版及集会、结社等事均准其自由”。明确了言论、著作、出版为民众的宪法性权利。

图 6-2　晚清政府颁布的《钦定宪法大纲》

《钦定宪法大纲》于“君上大权”规定较多，“臣民权利义务”规定较少。言论自由原则在“臣民权利义务”第九条加以规定。

《钦定宪法大纲》的实质是谋中央集权的愚民工具，然而清廷却不得不在其中明确规定言论出版自由，反映出晚清政府对言论的控制能力实际已经下降，显得心有余而力不足。无论《钦定宪法大纲》是一部多么令人失望的宪法性文件，无论清廷是否真的打算保障臣民的新闻出版自由，但它却反映出新闻出版自由原则自鸦片战争以来经各方的宣传、各种途径的传播已经逐渐深入人心。大势所趋，清廷不得不顺从民心人意。即使只是“涂饰耳目，敷衍门面”也不失为一种进步。

2. 其他惩处性法律法规

1908 年 5 月 9 日颁布的《大清违警律》，1910 年 5 月 15 日颁布的《大清现行刑律》以及 1911 年 1 月 25 日颁布的《大清新刑律》，其中涉及对违反印刷出版业方面法律的惩处性规定。

6.5　晚清印刷出版业专门法律法规的实施

为保障印刷出版业法律法规的顺利施行，取得预期效果，晚清政府采取了一些相应的具体措施。

6.5.1　设置专门的负责机构参与管理

按照报刊的发行顺序，晚清政府设置了注册登记部门、检查报章部门、处理和审判报案部门等相应的机构对报刊发行进行监督管理。最初是由巡警部负责注册登记的事宜，1906 年后改为民政部继续管理，由下属的巡警官署负责具体事宜。具体审核的程序为：办报者先向当地的巡警署递交申请注册，报馆名称、报刊体例、发行编辑印刷人的姓名、籍贯、住址等都是必须要呈报的具体项目，到 1908 年《大清报律》颁布以后申请注册时还需要交纳保证金。当地的巡警厅接到当事人的申请后也无自主决定权，需要视情况批准并向民政部门申报。民政部作为总理机关对于一切注册事宜审查严格，批准申请之后，仍要求其下属管理部门对辖境内已经申请的报馆进行审核，查明有无不合时宜之处。除了民政部外，大清邮政局也参与报刊的管理，因为所发新闻电报主要通过邮政局、电报局办理，如果邮政局发现报刊有违法言论，也会取缔报刊的发行。因此审批检查合格不合格，最终还要咨询邮政局、电报局可否发电。

巡警官署和地方官署是主要的检阅报章的机构，按照《大清印刷物件专律》的规定，报刊发行后要实行事后审查。《大清报律》颁布以后，京师每天由内外巡警厅、地方由上督府进行审查，并且地方上还派出巡警衙门或者地方官衙门负责具体的执行。《大清报律》规定，报纸应于发行前一日晚十二点钟以前送交审查，但实际执行起来并不如此严格，通常是在发行日清晨进行送阅。同时负责检阅的还有探访局，探访局负责侦探，主要作用是辅助地方进行各项调查，接管各项报告，对各种新闻进行检阅等。此外缉探总局也是一个辅助性的报刊检查机构，主要是进行事后检查。它严格依照报律规定检阅，只要发现违律现象就可以根据情节轻重按律进行处罚，这又与巡警衙门和地方衙门的事后检查不同。由于晚清报律对于检阅报章并无详细明文规定，检报人员与有些官吏的自由裁量权很大，这就为执行报律的随意性提供了很大的法外空间。

处理、审判报案也有专门的机关，在《大清印刷物件专律》里规定为地方长官、巡警官署、督抚，京师印刷总部、商部、朝廷要负责办理重大报案。《大清报律》里规定的较为笼统，只规定为该馆官署。这些部门主要的办案流程为在检查的过程中如果发现报馆违反清律，则按律直接进行处罚，然后上报民政部或者地方督抚；对于有些不确定的案件，还需要请示民政部或者地方督抚，根据民政部与地方督抚的意见再对报馆进行处罚。

6.5.2 劝告与强制、奖励与惩罚并行

在具体实施报律时，晚清政府采取的是劝告与强制、奖励与处罚并施。为了更好地推进报律的实施，电报总局曾制定了《传递新闻电报减收半价章程十条》，更好地体现了奖惩分明的特色。比如规定华洋报馆刊登的新闻电报符合法律规定且看报者能一目了然，便按照电报总局制定的章程减半收费；凡是电报新闻采用暗码或者采用密码交流或者隐藏别意的，须照常收费。如此一来报刊的言论自由就受到了严格的限制。后来在实施的过程中又将此规定加以改善，宣布“凡有恪遵报律者，自应优予利益，所发密码电码准照明码减半收费，以示奖励和提倡”。除此之外，每个报馆还得到了半价执照，以此鼓励报馆遵守法律，否则就会受到惩罚。根据此报律的实施结果，受到惩罚的基本上都是民间的报馆，而得到奖励的几乎都是官方报馆和官方控制的报馆。对于不受清末报律控制的报馆发布的具有反清言论的报刊，清政府则禁止民众查阅，并不准邮局递送，且要送入官府销毁。这些名目繁多的措施无非就是想控制舆论传播，维护清王朝的统治秩序，延续清政府的寿命。

6.5.3　区别对待、各地有别

在空间效力上，清末报律只在各个直省实行，“本律通行各直省，其余各领土，即仰各地方该管官酌量办理”。因此，在当时的环境下对于租界内的报纸以及由外国人参股的租界以外的其他报纸，清政府则不敢轻易进行限制处罚，那些不在租界也没有外国人庇护的官报以外的民间报纸则成了法律重点打击的对象。除此之外，报律的实施还采取了区别对待、各地有别的措施。在时间上，通常都是京师已经施行，地方还在使用旧律。比如，《报章应守规则》起初是先在京津二地执行，之后才由京师巡警厅颁发给京城内外各个华人报馆。《报馆暂行条规》也是由京津扩散到全国各地。在政策对待方面，各个地方对不同类型的报馆也有所区别。一些非时事类的比如专载艺术欣赏、学术研究、公式定理、地理、天文科学类的报刊杂志，以及白话文报刊，法律一般都免其缴纳保证金，如北京的《进化报》《北京女报》等。而像《北京日报》《大同日报》《经济选报》等一些文言报，依据当时的报律规定，必须要缴纳一定的保证金才准许发行。

6.6　小结

晚清社会，封建主义和西方资本主义矛盾交织，先进思想试图打破落后体制的束缚，这就决定了晚清处于一个承上启下的环节。晚清的印刷出版立法虽然在内容上承袭了旧有的封建思想，但是在形式上却借鉴了西方先进国家的印刷出版体制，赋予了民众新闻自由以及言论出版权，开历史之先河。其进步之处主要表现在以下几个方面：建立了比较完备的印刷出版立法体系，内容上具有近代性，新闻自由得到初步保障，处罚措施具有一定的规范性，成为之后印刷出版立法的范例，促进了西方文明的传播。但是，它也有其局限性，具有浓厚的封建性，印刷出版管制是其真实目的，具有浓厚的殖民地色彩，缺乏实践基础。

历史是一面镜子，不仅折射了晚晴印刷出版法制变革成败的结局，也使我们看到了其进步之处。晚清印刷出版业的法制变革，不仅是对西方法律思想的移植，更是自身法律制度的创新，从无到有，这就是历史最大的进步。晚清印刷出版业法制变革的成败结局也带来对众多问题的思考，尤其是在法律变革、法律移植中法律适用的问题。

参考文献

[1] 《造纸史话》编写组 . 造纸史话 [M]，上海：上海科学技术出版社，1983.

[2] CHRISTOPHER A，VANCOUVER R. Gutenberg in Shanghai：Chinese Print Capitalism，1867—1937 [M]. Vancouver：University of British Columbia Press，2004.

[3] G. 昂温，P. S. 昂温 . 外国出版史 [M]. 北京：中国书籍出版社，1988.

[4] 阿英 . 晚清小说史 [M]. 北京：人民出版社，1980.

[5] 陈昌文 . 都市化进程中的上海出版业（1843—1949）[D]. 苏州：苏州大学，2002.

[6] 陈诗芹 . 清代书业广告研究 [D]. 长沙：湖南师范大学，2015.

[7] 崔来廷 . 清代书院办学经费运行机制探究——以广东省书院为探究对象 [J]. 鸡西大学学报，2012，12（1）.

[8] 戴逸 . 简明清史（第一册）[M]. 北京：中国人民大学出版社，2006.

[9] 戴逸 . 简明清史（第二册）[M]. 北京：中国人民大学出版社，2006.

[10] 邓文峰 . 近代中国图书出版特征论 [J]. 河北学刊，2001（11）.

[11] 邓文锋 . 晚清官书局述论稿 [M]. 北京：中国书籍出版社，2011.

[12] 费正清 . 剑桥中国晚清史 [M]. 北京：中国社会科学出版社，1985.

[13] 费正清．剑桥中国晚清史（上卷）[M]. 北京：中国社会科学出版社，1993.
[14] 戈公振．中国报学史 [M]. 北京：中国新闻出版社，1985.
[15] 戈公振．中国报学史 [M]. 上海：上海古籍出版社，2003.
[16] 故宫博物院明清档案部．清末筹备立宪档案史料 [M]. 北京：中华书局，1979.
[17] 顾卫民．基督教与近代中国社会 [M]. 上海：上海人民出版社，1996.
[18] 国家档案局明清档案馆．戊戌变法档案史料 [M]. 北京：中华书局，1958.
[19] 韩海蛟．产品层次与技术演变：近代中国造纸业的发展（1884—1937）[D]. 武汉：华中师范大学，2015.
[20] 胡国祥．近代传教士出版研究（1807—1911）[D]. 武汉：华中师范大学，2008.
[21] 华志强．论清末新闻法制 [D]. 合肥：安徽大学，2005.
[22] 黄林．晚清新政时期图书出版业研究 [M]. 长沙：湖南师范大学出版社，2007.
[23] 吉少甫．中国出版简史 [M]. 上海：学林出版社，1991.
[24] 江凌．试论清代两湖地区造纸业 [J]. 出版科学，2009（2）.
[25] 姜华．“天职”“著述”与“商业”：晚清传教士与中国出版的现代转折 [J]. 河南大学学报（社会科学版），2017，57（5）.
[26] 姜华．略论晚清传教士的出版经营意识 [J]. 现代出版，2016（6）.
[27] 柯文．在传统与现代性之间——王韬与晚清改革 [M]. 雷颐，罗检秋译．南京：江苏人民出版社，1998.
[28] 李斯颐．清末 10 年官报活动概貌 [J]. 新闻研究资料，1991(3).
[29] 李为．历史时期中国造纸业的分布与变迁 [J]. 地理研究，1983，2（4）.
[30] 李雪梅．近代的南北书肆（上）[J]. 文史知识，1998（5）.
[31] 李雪梅．近代的南北书肆（下）[J]. 文史知识，1998（6）.
[32] 梁启超．戊戌政变记 [M]. 北京：中华书局，1954.
[33] 陆根发．我国古代官办出版印刷机构 [J]. 广东印刷，1996（5）.
[34] 马福华．论晚清西方教会出版机构的翻译出版活动——以墨海书馆为中心的考察 [J]. 咸

阳师范学院学报，2014，29（6）.

[35] 马建农 . 北京书肆发展史考略 [J]. 北京社会科学，1998（2）.

[36] 米怜 . 新教在华传教前十年回顾（中文版）[M]. 郑州：大象出版社，2008.

[37] 潘海林 . 浅析近代民营出版在晚清的转型 [J]. 科技资讯，2014（15）.

[38] 潘吉星 . 中国造纸技术史稿 [M]. 北京：文物出版社，1979.

[39] 潘吉星 . 中国造纸史 [M]. 上海：上海人民出版社，2009.

[40] 彭泽益 . 中国近代手工业史资料（1840—1949）第二卷 [M]. 北京：生活·读书·新知三联书店，1957.

[41] 钱存训 . 中国纸和印刷文化史 [M]. 郑如斯编订 . 桂林：广西师范大学出版社，2004.

[42] 任满军 . 晚清商事立法研究 [D]. 北京：中国政法大学，2007.

[43] 芮哲非 . 谷腾堡在上海：中国印刷资本业的发展（1876—1937）[M]. 北京：商务印书馆，2014.

[44] 上海社会科学院经济研究所轻工业发展战略研究中心 . 中国近代造纸工业史 [M]. 上海：上海社会科学院出版社，1989.

[45] 石明利 . 京师同文馆译书活动研究 [D]. 重庆：西南大学，2012.

[46] 史和等 . 中国近代报刊名录 [M]. 福州：福建人民出版社，1991.

[47] 宋原放 . 中国出版史料：近代部分 [M]. 武汉：湖北教育出版社，2004.

[48] 苏精 . 马礼逊与中文印刷出版 [M]. 台北：台湾学生书局，2000。

[49] 苏精 . 铸以代刻：传教士与中文印刷变局 [M]. 台北：台大出版中心，2014.

[50] 孙启军 . 六种还是七种——姜别利创制中文铅活字略论 [J]. 中国出版史研究，2018（1）.

[51] 孙文杰 . 清代图书市场研究 [D]. 武汉：武汉大学，2010.

[52] 孙毓棠 . 中国近代工业史资料第一辑 [M]. 北京：科学出版社，1957.

[53] 汤志钧 . 康有为政论集（上册）[M]. 北京：中华书局，1981.

[54] 王兰萍 . 近代中国著作权法的成长（1903—1910）[D]. 上海：华东政法学院，2005.

[55] 王韬 . 论各省会城宜设新报馆 [N]. 申报，1878-02-19.

[56] 王扬宗 . 江南制造局翻译馆史略 [J]. 中国科技史料，1988（3）.

[57] 王扬宗 . 江南制造局翻译书目新考 [J]. 中国科技史料，1995（2）.

[58] 伟烈亚力 . 1867 年以前来华基督教传教士列传及著作目录 [M]. 倪文君，译 . 桂林：广西师范大学出版社，2011.

[59] 艾思庄 . 马礼逊回忆录——他的生平与事工（全集）[M]. 邓启明，译 . 香港：基督教文艺出版社，2008.

[60] 翁连溪 . 清宫武英殿刻书 [J]. 中国典籍与文化，2000（4）.

[61] 吴瑞秀 . 清末各省官书局之研究 [M]. 台北：花木兰文化工作坊，2005.

[62] 吴永贵 . 民国出版史 [M]. 福州：福建人民出版社，2011.

[63] 夏邦 . 晚清法制变革的历史考察 [D]. 上海：华东师范大学，2008.

[64] 夏东元 . 郑观应集（上册）[M]. 上海：上海人民出版社，1982.

[65] 夏宏图 . 清代报纸浅述 [J]. 历史档案，2001(2).

[66] 肖东发 . 从国子监到武英殿的中央政府刻书——中国古代出版印刷史专论之五（下）[J]. 编辑之友，1991（1）.

[67] 肖力 . 清代武英殿刻书初探 [J]. 图书与情报，1983（2）.

[68] 肖力 . 清代武英殿刻书初探（续）[J]. 图书与情报，1983（3）.

[69] 谢清果 . 中国近代科技传播史 [M]. 北京：科学出版社，2011.

[70] 熊月之 . 西学东渐与晚清社会 [M]. 上海：上海人民出版社，1994.

[71] 熊月之 . 西学东渐与晚清社会（修订版）[M]. 北京：中国人民大学出版社，2011.

[72] 徐建青 . 清代的造纸业 [J]，中国史研究，1997（3）.

[73] 许静波 . 成本最简模式下的近代化——上海近代石印书业研究（1878—1956）[D]. 上海：复旦大学，2012.

[74] 叶再生 . 出版史研究 [M]. 北京：中国书籍出版社，1996.

[75] 叶再生 . 中国近代现代出版史学术讨论会文集 [C]. 北京：中国书籍出版社，1990.

[76] 叶再生 . 中国近代现代出版通史 [M]. 北京：华文出版社，2002.

[77] 叶再生 . 中国近代现代出版通史・第一卷 [M]. 北京：华文出版社，2002.

[78] 殷莉 . 清末民初新闻出版立法研究 [M]. 北京：新华出版社，2007.

[79] 殷莉 . 中国第一部新闻法考证 [J]. 当代传播，2007（6）.

[80] 元青 . 中国近代出版史稿 [M]. 天津：南开大学出版社，2011.

[81] 袁逸 . 清代书籍价格考 [J]. 编辑之友，1993(4-5).

[82] 张健 . 晚清西学东渐：翻译出版的媒介张力 [J]. 北京第二外国语学院学报，2013（12）.

[83] 张静庐 . 中国近现代出版史料（近代初编）[M]. 上海：上海书店出版社，2003.

[84] 张静庐 . 中国近现代出版史料（近代二编）[M]. 上海：上海书店出版社，2003.

[85] 张守军 . 中国历史上的重本抑末思想 [M]. 北京：中国商业出版社 .1988.

[86] 张树栋等 . 中华印刷通史 [M]. 北京：印刷工业出版社，1999.

[87] 张秀民 . 中国印刷史 [M]. 上海：上海人民出版社，1989.

[88] 张秀民 . 中国印刷史 [M]. 杭州：浙江古籍出版社，2006.

[89] 张雪峰 . 福建近代出版业的兴衰：以政治变迁为视角 [D]. 福州：福建师范大学，2004.

[90] 张宗友 . 试论晚清官书局的创立 [J]. 文献，1999(4).

[91] 赵靖，易梦虹 . 中国近代经济思想史资料选辑（中册）[M]. 北京：中华书局，1982.

[92] 郑观应 . 郑观应集 [M]. 上海：上海人民出版社，1988.

[93] 郑如斯，肖东发 . 中国书史 [M]. 北京：书目文献出版社 .1987.

[94] 郑艳红 . 传教士与近代中国图书出版 [D]. 开封：河南大学，2008.

[95] 中国史学会 . 洋务运动 (四)[M]. 上海：上海人民出版社，1961.

[96] 周其厚 . 西方传教士与近代民营出版业的崛起 [J]. 河北大学学报，2004（2）.

[97] 周全 . 西方传教士对我国近代印刷术影响的探讨 [J]. 出版史话，2006（12）.

[98] 朱鸿翔 . 论晚清商业思想的演进 [J]. 江苏商论，2007（5）.

[99] 朱寿朋 . 东华续录 [M]. 北京：中华书局，1958.